ELISABETH KOCH

Die causa matrimonialis im Hause Amerbach/Fuchs

Schriften zur Rechtsgeschichte

Heft 23

Die causa matrimonialis im Hause Amerbach/Fuchs

Eine Darstellung des Eherechtsstreits und der daraus folgenden straf-, vermögens- und insbesondere erbrechtlichen Konflikte

Von

Dr. Elisabeth Koch

DUNCKER & HUMBLOT / BERLIN

Gedruckt 1981 bei Buchdruckerei Bruno Luck, Berlin 65
Printed in Germany
ISBN 3 428 04976 4

Vorwort

Die Arbeit hat in der hier veröffentlichten Form im Wintersemester 1980/81 dem Fachbereich Rechtswissenschaft der Johann Wolfgang-Goethe-Universität in Frankfurt am Main als Dissertation vorgelegen.

Professor Dr. Hans Erich Troje hat mich langjährig in der Rechtsgeschichte ausgebildet und letztlich auch die Anregung zur Bearbeitung des dieser Arbeit zugrundeliegenden Quellenmaterials, der „causa matrimonialis" aus der Amerbachkorrespondenz, gegeben. Darüberhinaus hat er durch ständige Unterstützung bei der Herstellung notwendiger Kontakte zu Instituten und anderen Wissenschaftlern und durch die Intensität seiner engagierten Betreuung während der Niederschrift das Zustandekommen der vorliegenden Studie sehr gefördert. Für alles schulde ich ihm ganz besonderen Dank.

Sehr hilfreich waren mir die Gespräche und Diskussionen, die ich im Rahmen des Humanismusseminars mit Götz Fischer, Gabriele Jäger, Paul Michel, Wolfgang Petran, Wolrad Rommel und Holger Tanski in schwierigen Arbeitsphasen über wichtige Aspekte der Arbeit führen konnte.

Dem derzeitigen Herausgeber der Amerbachkorrespondenz, Herrn Dr. Beat R. Jenny, danke ich für die entscheidenden Hinweise auf das dem letzten Kapitel zugrundeliegende Material und für die Überlassung des im Anhang abgedruckten Briefes zur Veröffentlichung.

Frankfurt am Main, im Juni 1981

Elisabeth Koch

Inhaltsverzeichnis

1. Einleitung und zusammenfassende Geschichtserzählung

Gegenstand der Arbeit ist der ausgedehnte Rechtsstreit, in den die Drucker- und Gelehrtenfamilie Amerbach in Basel und die vermögende Kaufmannsfamilie Fuchs in Neuenburg am Rhein infolge eines Liebesverhältnisses von Susanna Fuchs seit dem Jahr 1550 verstrickt waren. Nacheinander und teilweise zugleich waren ehe-, vermögens-, straf- und erbrechtliche Fragen Thema von Auseinandersetzungen mit wechselnden Konfliktpartnern. Außer dem Eheprozeß zwischen Susanna Fuchs und Hans Jölin fanden zwei Verfahren wegen Vermögensarrestierungen seitens der Stadt Neuenburg statt, hinzu kamen ein Susanna Fuchs drohendes Strafverfahren wegen versuchter Abtreibung und ein erbrechtlicher Streit mit dem Kloster St. Agnes in Freiburg.

Überliefert und für uns heute rekonstruierbar sind die einzelnen Verfahren und Streitigkeiten auf Grund des von Bonifacius Amerbach hierzu geführten Briefwechsels, seiner Gutachten und Notizen, die in der Amerbachkorrespondenz erhalten und zugänglich sind[1]. Mit diesen überwiegend und teils ausschließlich die juristischen Aspekte der Geschehnisse betreffenden Aufzeichnungen war die Fragestellung vorgegeben, unter der das Material in erster Linie behandelt wird; welche gesellschaftlichen Strukturen und Notwendigkeiten die Handlungen bedingt haben und was die einzelnen Vorkommnisse für die beteiligten Menschen, ihre Beziehungen und Verflechtungen untereinander bedeutet haben, wird nach Darstellung des rechtlichen Zusammenhangs teilweise in Ansätzen problematisiert werden. Insgesamt stellt die Arbeit den Versuch dar, einen in der Geschichte abgelaufenen Rechtsstreit zu erfassen, die dabei entstandenen Rechtsfragen in ihrer gesellschaftlichen und juristischen Bedeutung zu begreifen und die zu ihrer Lösung führenden Überlegungen und Schritte nachzuvollziehen. Aus dieser fallbezogenen Fragestellung ergibt sich notwendig eine Beschränkung in der Darstellung insofern, als die zentralen Themen, wie zum Beispiel die Entwicklung des Eheschließungsrechts, nicht abstrakt und mono-

---

[1] Zurückgegriffen wurde auf das in den bisher erschienenen Bänden I—VIII überlieferte Material, vgl. hierzu die Rezensionen der Bände VI—VIII von Troje, Amerbachkorrespondenz.

Als zeitlich letztes Dokument behandelt die Arbeit ein 1554 von Charles Dumoulin erstelltes Gutachten, das sich in der bisher edierten Amerbachkorrespondenz noch nicht findet.

graphisch abgehandelt werden, sondern stets in ihrer Bedeutung und Auswirkung auf den konkreten Fall untersucht und reflektiert werden.

Am Anfang der ganzen Konflikte und Streitereien steht die causa matrimonialis, das gerichtliche Verfahren, das Hans Jölin im Januar 1550 eingeleitet hat, um Susanna Fuchs zur Einhaltung des nach seiner Behauptung ihm gegebenen Eheversprechens zu zwingen. Hans Jölin hatte fünf Jahre lang, bis Anfang 1549, im Haus der sehr vermögenden und angesehenen Familie Fuchs in Neuenburg als Knecht gedient. Susanna war eine Tochter aus zweiter Ehe von Leonhart Fuchs, Bürgermeister der Stadt und Schwiegervater von Bonifacius Amerbach. Leonhart Fuchs hatte nach standesgemäßer erster Ehe, aus der die mit Amerbach verheiratete Tochter Martha stammte, in fortgeschrittenem Alter seine Beziehung zu Küngolt Vischer, einer jungen, vermögenslosen Frau, durch Heirat legitimiert und außer der 1535 geborenen Susanna noch zwei Kinder, Alban und Magdalena Martha, von ihr[2]. Diese Kinder und auch ihre Mutter standen seit dem Tod ihres Vaters im Jahr 1546 unter der Vormundschaft von Hans Schirin, einem Verwandten der Familie[3]. Bonifacius Amerbach griff also nicht auf Grund einer rechtlichen Verpflichtung in die hier darzustellenden Angelegenheiten der Familie Fuchs ein; sein Engagement ist vielmehr auf dem Hintergrund der bestehenden verwandtschaftlichen Beziehungen und der daraus resultierenden wirtschaftlichen Interessenzusammenhänge zu sehen. Er selbst schreibt hierzu einmal, daß ihm Leonhart Fuchs „die kinder jm todbett befolchen" habe[4], und stellt seine juristische Sachkenntnis und seinen gesellschaftlichen Einfluß während der ganzen Konflikte jedenfalls selbstverständlich zur Verfügung. Susanna hielt sich in seinem Haus zu einem Besuch auf, als im Dezember 1549 an ihn gerichtet das den Eherechtsstreit ankündigende Schreiben von Hans Jölin kam. Jölin beruft sich hierin auf die mit Susanna erfolgte Eheschließung — „also haben ich vnd sy einandern zum sacrament der Ehe genomen" — und fordert Amerbach auf, ihm seine „eelichen husfrawen", die auch ein Kind von ihm erwarte, herauszugeben und zuzuführen[5]. Daß ihm bewußt ist, daß diese Ehe nicht der gesellschaftlichen Norm entspricht und auf Widerstand stoßen wird, macht er deutlich:

---

[2] Die Heirat fand erst nach der 1532 erfolgten Geburt Albans statt; Gerüchten zufolge hatte Leonhart Fuchs seiner zweiten Frau die Ehe für den damit eingetretenen Fall der Geburt eines Sohnes versprochen (Nr. 1682). Biographische Nachweise über die Kinder aus zweiter Ehe siehe Nr. 1682 Anm. 1 und 2.

[3] Biographische Nachweise über ihn vor Nr. 2893; Schirin war zeitweilig Bürgermeister von Neuenburg, also auch ein in der Stadt angesehener Mann.

[4] In einer zusammenfassenden Darstellung der causa matrimonialis, die er im Frühjahr 1550 verfaßt hatte, Nr. 3248 Anm. 2.

[5] Nr. 3223.

„dan ich, vor vnd Ehe wir einandern geelichet vnnd genomen, (jch) iro anzeigt, jch sy ein armer, guter gsell vnd haab nichts; sy solle mich nit, Besonder einen jrem vermögen vnd stand gleich nemen; dan jre verwanten werden mich darumben hassen vnd sy mir villicht entfüeren vnnd nit volgen Lassen". Doch trotz dieser Bedenken sei Susanna mit ihm die Ehe eingegangen, aus der er jetzt seine Rechte geltend mache. Amerbachs zurückweisende Antwort ist kurz und bestimmt und läßt Verblüffung und Verärgerung über ein derart anmaßendes Verhalten des früheren Dieners erkennen: „Hans, din schriben hab ich verstanden. So du demnach gehandelt, hast du dich wol zuerinnern, ob du gehandelt hapst, wie einem frommen diener vnd biderben gesellen zustandt, ob das sy, drüwe, vffrechte dienst geleist sinem heren vnd frawen, der mossen jnen zervck vnd vnwissendt mitt iren kinden handlen". Im übrigen streite Susanna die von ihm behauptete Eheschließung ab: „es soll sich jn der warheitt nimmerme befinden, wie du felschlich vnd verretterlich furgipst"[6]. Ob dieses Schreiben allerdings je abgeschickt wurde oder Jölin erreichte, ist zweifelhaft. Jölin behauptet später jedenfalls vor Gericht, damals ohne Antwort geblieben zu sein[7]. Er erscheint mit seinem Anliegen im Januar 1550 vor dem Neuenburger Rat und beklagt sich über die Entführung Susannas durch ihre Verwandten nach Basel — „wie das man Susanna, die im versprochen hab die ee, hin vnd weg gefiertt, des er sich dan hoch beclagt", — so der Bericht Schirins an Amerbach von diesem Auftritt vor dem Rat[8]. Schirin hat dem als erstes entgegengehalten, daß sich Susanna auf eigenen Wunsch zu einem normalen Verwandtenbesuch in Basel aufhalte und dann vor allem die behauptete Eheschließung bestritten. Dies führt dazu, daß der Rat die Angelegenheit zur gerichtlichen Entscheidung an das bischöfliche Gericht in Radolfzell verweist, „die will es geistlich sachen an treffen wirt"[9], — die causa matrimonialis im Hause Amerbach / Fuchs hat damit begonnen.

In einer ständisch gegliederten Gesellschaft ist die Konstellation dieses Rechtsstreits erstaunlich und ungewöhnlich. Ein mittelloser Knecht beginnt nicht nur mit der Tochter des Hauses ein Verhältnis, aus dem ein Kind entsteht[10], sondern geht noch weiter, indem er diese zur Ehefrau beansprucht und damit die ganze Affaire an die Öffentlichkeit bringt. Der hierin liegende Versuch, sich über die von Geburt aus festgeschriebenen Standesgrenzen hinwegzusetzen, löst in den betroffenen Familien Fuchs / Amerbach, in die Jölin Aufnahme als Fami-

---

6 Nr. 3224.

7 Punkt 12 der Klage (unten S. 28).

8 Nr. 3240.

9 Mitteilung von Schirin, Nr. 3240.

10 Hierzu sogleich unten S. 13.

lienmitglied beansprucht, Empörung aus, — war die Ehe nach dem Selbstverständnis der damaligen Zeit doch gerade als eine der tragenden Institutionen zur Sicherung und Aufrechterhaltung gesellschaftlicher Schranken gedacht[11]. Von daher versteht sich folgende Beschreibung des Verhaltens von Jölin, das die Familie Fuchs später einmal gibt: „das genanter Hanss an dem, das er seins hern seligen dochter . . ., wider alle danckbar vnd redlichkeit, zucht vnd erbarkeit verfüert, beschissen vnd betrogen vnd nochmals sein schandtliche, lasterliche aigen begangne thatt, deren er sich billicher beschemen dan beruemen solt, allenthalben luttprecht gemacht, die dochter verschreit vnd on grund der warheit, als solte sie jne zur ee genommen haben, fürgeben“[12].

Daß Jölin es überhaupt wagen konnte, sich mit den reichen und mächtigen Familien Fuchs und Amerbach in dieser Sache in einen Streit einzulassen, hängt mit den wirtschaftlichen Interessen der Stadt Neuenburg zusammen, die sich hier im Ergebnis mit Jölins Interesse deckten und eine seinem Vorhaben günstige und förderliche Atmosphäre in der Bürgerschaft erzeugten. Die früher zeitweilig freie Reichsstadt Neuenburg am Rhein war 1425 endgültig unter habsburgische Herrschaft gefallen und gehörte zu dem Teil Vorderösterreichs, der seit 1523 von einer eigenen Regierung in Ensisheim im Elsaß verwaltet und geleitet wurde[13]; solange und soweit sich Susanna mit ihrem Vermögen in dem seit 1501 der Eidgenossenschaft zugehörigen Basel befand, war sie außerhalb des vorderösterreichischen Hoheitsgebietes und dem steuerlichen Zugriff der Stadt Neuenburg entzogen. Diesen vermögensrechtlichen Aspekt hatte Jölin mit seinem Bericht von Susannas Entführung nach Basel vor dem Rat direkt angesprochen und damit die Stimmung der Neuenburger auf seine Seite gebracht. Darüber hinaus konnte er in Neuenburg keinen Einfluß geltend machen; er war zur Zeit des Prozesses etwa 24 Jahre alt, stammte aus Lepsingen bei Nördlingen und konnte sich als Fremder also auch nicht auf einen in der Stadt etablierten Familienverbund stützen. Seine sozial niedrige Stellung als Knecht wollte er nach Aufgabe seiner Dienste bei der Familie Fuchs wohl durch Erlernung eines Handwerks verbessern, war aber auch hier auf die Unterstützung durch seinen bisherigen Herrn angewiesen; ob ihm allerdings Amerbach die hierfür versprochenen 4 Kro-

---

[11] Zur aus diesem Verständnis folgenden konkreten Heiratspolitik der Familie siehe noch unten S. 58, insbesondere Anm. 42.

[12] Zitat aus einem Schreiben Ulrich Iselins, eines Schwiegersohns von Amerbach, an den Neuenburger Rat wegen des Vermögensarrestes, Nr. 3374 Anm. 2.

[13] Die Entwicklung der Stadt Neuenburg ist im einzelnen dargestellt bei Merk, Stadtrechte, II/3, XI—XXXVIII; zur Zugehörigkeit zu Vorderösterreich Stolz, Beschreibung, S. 5, 156/157.

nen noch ausgehändigt hat, oder ob dies schon infolge des ausgebrochenen Konfliktes unterblieben ist, ist ungewiß[14].

Von der äußeren Gestaltung her der Geschichte von Jölin und Susanna auffallend ähnlich konstruiert ist ein Stück von August Strindberg. In dem Stück „Fräulein Julie" bearbeitet dieser für das 19. Jahrhundert den Konflikt und die Probleme einer Beziehung, die sich nicht an die von der ständisch starr gegliederten Gesellschaft vorgegebenen Grenzen und Schranken hält. Strindberg schildert den Knecht Jean und die adlige Julie mit ausgeprägten individualistischen Zügen, die ihre Beziehung zurücknehmen, bevor und ohne daß die Umwelt sich einschaltet. Beide haben, was ihre Beziehung zueinander betrifft, die gesellschaftlichen Normen und Wertvorstellungen als Lebensgefühl so übernommen, daß sie sich auch gegenseitig persönlich nur in diesen Rollen wahrnehmen können; vor allem hierdurch bedingt läßt Strindberg eine sadistische Kommunikationsstruktur entstehen, die jegliches solidarisches Handeln, etwa zur Durchsetzung ihrer Beziehung gegen den Widerstand der Umwelt, von vornherein ausschließt. Während in dem Strindbergstück allein die beteiligten Partner Jean und Julie handeln und entscheiden, — das Verhältnis beginnt und endet in einer Nacht, ohne daß jemand aus Julies Familie davon Kenntnis erlangt, — sind in der Geschichte von Jölin und Susanna die Familien und das soziale Umfeld Entscheidungsträger. Wirtschaftliche Erwägungen, Angst vor Status- und Machtverlust des Familienverbandes durch das Eindringen des einflußlosen und nichtvermögenden Außenseiters sind für das Geschehen hier die ausschlaggebenden Momente. Gerade in der Gegenüberstellung der Affairen, die der adligen Julie mit dem Knecht Jean im ausgehenden 19. Jahrhundert und die der Bürgerstochter Susanna mit dem Knecht Jölin im 16. Jahrhundert, wird überdeutlich, daß die bei Strindberg thematisierten bewußtseinsmäßigen und psychischen Aspekte und Dimensionen in dem in der vorliegenden Arbeit behandelten Konflikt überhaupt keine Rolle spielen. Ob und welche gefühls- oder beziehungsmäßigen Strukturen an deren Stelle waren, läßt sich aus dem überlieferten Material nicht feststellen. Nachweisbar und thematisiert ist allein der äußere Geschehensablauf.

Von Susanna ist dabei als nächstes bekannt, daß sie am 19. Januar 1550 noch während ihres Aufenthaltes in Basel bei Amerbach ein Kind geboren hat, — wie Amerbach es darstellt, zur Überraschung der ganzen Familie, die davon ausgegangen war, daß Susanna seit vergan-

---

[14] Der Aufzeichnung Amerbachs „uff das drunglich pitt Hansen, so vil jar by minem schweher gedient, darmitt er das thuchscherer handtwerck leren mecht, sich zuerneren, zu stur geben 4 kronen" (Nr. 3224 Anm. 1), steht die Klage Jölins entgegen, der behauptet, dieses Geld nicht erhalten zu haben (vgl. Nr. 3240).

genem Sommer lediglich an einer Menstruationsstörung litt: „vnd die muter solche kranckheitt zugemessen weyplicher schwachheit oder menstrvo, so sy jn langer zyt nitt gehapt, auch die sach sich nitt hatt wellen bessern, jst gemelt dochter, darmitt man der Medicorum rats pflegen mecht, durch jren bruder gen Basell gefiert worden jn doctor Amerbach hus“[15]. Die Schmach und Schande, die Susanna mit der Geburt über Amerbachs Haus gebracht hat, ist groß, und man sucht nach Wegen, Susanna loszuwerden, „darmitt das geschrey ettwas geringert“ werde[16]. „Nach vilveltigem bedencken, wo die am basten mecht verhiett werden“, wird das Dominikanerinnenkloster St. Agnes bei Freiburg als der geeignete Unterbringungsort „custodie cavsa“ angesehen[17]. Ambrosius Kempf aus Freiburg, dort hochangesehen und mit den Amerbachs weitläufig verwandt[18], führt die entsprechenden Verhandlungen mit dem Kloster, „was man oder wie vil man jerlich fur sy zalen miest“; nachdem über diese Unterhaltszahlungen Einigung erzielt worden ist und Kempf vor allem noch das Nichtbestehen einer Schwangerschaft garantiert hat[19], wird Susanna am 12. März 1550 direkt von Basel aus nach Freiburg in das Kloster verbracht[20]. Nach den Plänen der Familie sollte sie dieses nach ein oder zwei Jahren wieder verlassen, um „in die Ehe versorgt“ zu werden; ihr Entschluß, für immer dort zu bleiben und eine „frume kloster frouw“ zu werden[21], den sie gegen den entschiedenen Widerstand ihrer Familie durchsetzt, führt dann später zu langwierigen vermögensrechtlichen Auseinandersetzungen ihrer Verwandtschaft mit dem Kloster. Über die Entwicklung des Kindes, das sofort nach seiner Geburt zu einer Amme gegeben wurde, finden sich keine näheren Angaben und Berichte[22]; seine Existenz wird späterhin lediglich im Zusammenhang mit unterhalts- und erbrechtlichen Fragen erwähnt, — hier allein kommt im übrigen überhaupt zutage, daß es sich um ein Mädchen handelt[23]. Darüber hinaus wird es noch

---

[15] Darstellung, Nr. 3248 Anm. 2.

[16] Darstellung, vor Nr. 3223; hieraus sind auch die folgenden Zitate.

[17] St. Agnes wurde 1264 gegründet und im 30jährigen Krieg im Zuge der Vaubanschen Stadtbefestigung abgerissen. Das Kloster lag direkt vor der Stadtmauer und wird von dem Chronisten des Dominikanerordens Johannes Meyer (geb. 1422) in seinem umfangreichen Werk „das buch von der reformacio der clöster predigerordens“ wie folgt beschrieben: „St. Agnes ... ist och gar an schön closter und gnadenrichlich und gaistlich gebuwen“ („Quellen und Forschungen“, III, 115). Weitere Nachweise über das Kloster bei Wilms, Geschichte, S. 233—239; Göpfert, Orden, S. 72; Quellen und Forschungen, XXIV, 48—49.

[18] Biographische Nachweise vor Nr. 2296 a.

[19] Vgl. Bericht Kempfs an Amerbach über diese Verhandlungen Nr. 3246.

[20] Nr. 3255 Anm. 4.

[21] Nr. 3286.

[22] Vor Nr. 3223.

[23] Nr. 3399.

einmal Gegenstand einer kurzen Auseinandersetzung zwischen Jölin und der Familie Amerbach / Fuchs. Nachdem er den Eheprozeß gegen Susanna verloren hat, meldet Jölin Ansprüche auf Erziehung und Aufbringung des Kindes an. Amerbach weist dies als weitere Schikane und Unverschämtheit Jölins zurück. Nichts deutet darauf hin, daß es in diesem Konflikt um das Wohlergehen des Kindes ging. Weder spielen in Amerbachs Reaktionen Überlegungen zum „Wohl des Kindes" eine Rolle, noch scheint der diesbezügliche Wunsch Jölins auf ein Interesse an dem Kind und erwachende Vaterliebe zurückzuführen sein. Entrüstet weist Amerbach jedenfalls Jölins Ansinnen zurück, „Dwil er nvn ein armer arbentseliger dropff, der weder haller noch pfennig hatt, auch das kindt nitt zu erziechen, kan ich nitt anders gedencken, dan das er mitt dem draz, den er bitz her vilfaltig zu Nuwenburg gegen die fruntschafft gedriben, nitt ersettiget, sonder auch zu merern schmach vnd draz das kindt daselben hin auch verdingen oder thvn welle"[24]. Er argumentiert allgemein mit dem römisch-rechtlichen Grundsatz, nach dem nur die aus rechtmäßigen Ehen stammenden Kinder unter der patria potestas stehen und verweist auf Nov. 117, 7, wonach im Fall der Scheidung die Kinder von der vermögenden Mutter und nicht von dem armen Vater unterhalten werden. Daß dies alles im vorliegenden Fall umso mehr gelten müsse, macht er mit folgenden Worten deutlich: „Was billikeitt solch petition in sich halte, hatt ein yeder biderman in erwegung, wan sin diener die dochter schendett vnd nochmals in jn sinem leid erst zu schmechen vnd dratzen vnderstiendt..."[25]. Jölin scheint die Sache nicht weiter verfolgt zu haben; außer diesen Vorüberlegungen Amerbachs in Briefen an die ihn beratenden Verwandten und Freunde finden sich in dieser Angelegenheit keine Aufzeichnungen mehr.

Nach diesem Überblick über den gesamten Verlauf der Geschichte werden nun als erstes Hergang und Ablauf des Eheprozesses in Radolfzell dargestellt, die auf Grund der vorhandenen Unterlagen gut nachkonstruierbar sind.

---

[24] Nr. 3315; diese Ausführungen macht Amerbach dem Juristen und Ensisheimer Ratsmitglied Peter Neser gegenüber (biographische Angaben über ihn vor Nr. 3170).

[25] Nr. 3315.

2. Der Eheprozeß

2.1. Begründung und Entstehung kirchlicher Jurisdiktion in Ehesachen

Als causa spiritualis unterlag der Eheprozeß kirchlicher Jurisdiktion und wurde dementsprechend vor einem geistlichen Gericht geführt und nach kanonischem Recht entschieden.

Diese Zuständigkeit der Kirche hatte sich im Lauf der Jahrhunderte in einem langsamen Prozeß herausgebildet. Schon in fränkischer Zeit hatte die Kirche mittelbar durch Beeinflussung der weltlichen Ordnungsmächte das Eherecht mitgestaltet und konnte ihren Einfluß unter Berufung auf das ius divinum, dem diese Materie unterliege, im Lauf der Jahrhunderte immer mehr verstärken. Der entscheidende Schritt zur Anerkennung und Sicherung ihres Herrschaftsanspruchs über das vinculum matrimonii, also über die den Bestand der Ehe selbst betreffenden Fragen[1], erfolgte im 12. Jahrhundert, als sich die Lehre von dem Sakramentscharakter der Ehe endgültig und allgemein durchgesetzt hatte[2]. In der Kanonistik finden sich seit dieser Zeit denn auch durchgehend Hinweise auf ein entsprechendes kirchliches Regelungsmonopol. Gratian[3] zum Beispiel nimmt den Vorrang für das ius canonicum mit den Worten in Anspruch: „cum matrimonia hodie regantur iure poli, non iure fori ..."[4]. Für die Rechtsprechung geht Papst Alexander III. (1159—1181) selbstverständlich von der Anwendung kanonischen Rechts aus, wenn er bestimmt: „non sunt causae matrimonii tractandae per quoslibet, sed per iudices discretos, qui ... statuta ca-

---

[1] Über die aus der Ehe resultierenden, insbesondere vermögensrechtlichen Folgeprobleme hatte die Kirche eine Regelungskompetenz nicht beansprucht und deren Regelung der weltlichen Obrigkeit zugestanden.

[2] Hierzu näher Schwab, Grundlagen, S. 15 ff. und Feine, Kirchliche Rechtsgeschichte, S. 431.

[3] Über den Lebenslauf des Verfassers der „Concordia discordantium canonum" (zu diesem Werk noch unten S. 34) ist wenig bekannt. Er war Kamaldulensermönch und lehrte als Magister der Theologie in der Klosterschule SS. Felix und Nabor bei Bologna und ist vermutlich vor 1157 gestorben. Zu seinem Leben und Werk zuletzt Nörr, Entwicklung des Corpus iuris canonici, in Handbuch, I, 836.

[4] c7 C2 q3; daß für Gratian „ius poli" identisch ist mit „canones", ergibt sich aus dem letzten Satz dieses caput (Schwab, Grundlagen, S. 22; Plöchl, Eherecht, S. 26).

nonum super his non ignorent"[5]. Als Beispiele aus der kanonistischen Literatur eignen sich Tancred: „.. ac proinde causas matrimoniales iudices tractare debent secundum statuta canonica"[6] und Bernardus Papiensis: „sciendum est itaque, quod causa matrimonii spiritualis sit, et ideo ad ecclesiasticum iudicem spectet, atque per canones debeat definiri"[7]. Ebenso gingen die mittelalterlichen Legisten vom Geltungsanspruch der eherechtlichen canones vor den weltlichen Gesetzen aus. Azo aus Bologna, einer der bedeutendsten Glossatoren (seine Lebenszeit ist ungewiß, in Urkunden erscheint er von 1190—1220), sieht zum Beispiel das römisch-rechtliche Eheverbot zwischen Standesungleichen durch das neue, das kanonische Recht aufgehoben: „item prohibentur legibus inter liberum et servam vel inter servum et liberam ... diximus sane iure poli admissum esse tale matrimonium sic et admissum est inter servum et servam"[8].

Korrespondierend zur kirchlichen Gesetzgebungsmacht unterlag die Rechtsprechung geistlichen Gerichten. Die Verwaltung der Sakramente gehörte als Angelegenheit, die den Glauben berührte, zu den causae spirituales[9] und konnte als negotium ecclesiasticum nicht mehr weltlicher Gerichtsbarkeit unterliegen: „laici ecclesiastica negotia tractare non debent, sed praelatorum iudicio disponuntur"[10]. Im Schwabenspiegel findet sich dann der zu dieser Zeit längst allgemein anerkannte und praktizierte Grundsatz: „diz ist umbe ein e und daz suln rihten geistliche rihter; und so ez an den lip gat, so suln ez rihten weltliche rihter"[11]. Mit der Übernahme der Jurisdiktion war die ausschließliche

---

[5] X 4, 14, 1.

[6] „Summa matrimonialis" S. B, vso. Tancredus Bononiensis, einer der berühmtesten Kanonisten des 13. Jahrhunderts, war um das Jahr 1185 in Bologna geboren worden und ist zwischen 1234 und 1236 gestorben. Seit 1214 war er Lehrer des kanonischen Rechts; er war Kanonikus des Domstifts in Bologna und wurde 1226 zum Archidiakon ernannt. Weitere biographische Nachweise bei Schulte, Quellen, I, 199; Savigny, Geschichte des römischen Rechts, V, 115.

[7] „Summula" bei Kunstmann S. 259. Bernardus Papiensis stammte wahrscheinlich aus der angesehenen Familie Balbi in Pavia, studierte in Bologna kanonisches Recht und Theologie, wurde Bischof in Faenza und 1198 in Pavia; er starb dort als Bischof 1213. Biographische Nachweise bei Schulte, Quellen, I, 175.

[8] Zitiert nach Schwab, Grundlagen, S. 25. Zur Bedeutung Azos als Rechtslehrer und für die Stadt Bologna tätiger Jurist siehe Savigny, Geschichte des römischen Rechts, V, 1—44.

[9] Eine allgemeine Übersicht über die Kompetenzgründe für das geistliche Gericht findet sich bei Trusen, Die gelehrte Gerichtsbarkeit, in Handbuch, I, 483.

[10] X 2, 1, 2.

[11] Zitiert nach Friedberg, Recht der Eheschließung, S. 104. Zur Bedeutung und Geltung des Schwabenspiegels, der um das Jahr 1275 vollendet worden ist, siehe statt aller Schröder / Künßberg, Rechtsgeschichte, S. 726—730. Zu den Kompetenzkonflikten im Spätmittelalter zwischen geistlicher und welt-

Geltung kirchlichen Rechts in Fragen des Ehestandes für lange Zeit unumstößlich festgelegt.

Im Ergebnis ohne Erfolg angegriffen wurde dieses kirchliche Regelungsmonopol denn auch in der politischen Auseinandersetzung zwischen päpstlicher und weltlicher Macht um die Aufteilung der jeweiligen Macht- und Einflußbereiche, die sich seit dem Pontifikat Bonifaz' VIII. (1294—1303), des Papstes, der wie kein anderer die politische Kirche verkörperte, so sehr verschärft hatte. Bonifaz VIII. hatte in der Bulle „Unam sanctam" (1302) sowie in der Promulgationsbulle zum Liber Sextus (1298) ausdrücklich die Forderung auf eine direkte päpstliche Herrschaft auch in weltlichen Dingen („potestas directa in temporalia") erhoben[12]. In radikaler Formulierung hatte er damit die päpstlich-kuriale Auffassung der für die Abgrenzung der Machtbereiche von Kirche und Staat geltenden Zwei-Schwerter-Lehre aufgegriffen und dargestellt[13]. Dem Papst sind danach direkt von Gott die zwei Gewalten (Schwerter, Luc. 22, 36—38), die geistlich-kirchliche und die weltlich-staatliche, übergeben. Während er das geistliche Schwert für sich selbst behält, verleiht er das weltliche dem Kaiser, der es im Dienst und auf Weisung der Kirche zu führen hat. Diese Definition des Verhältnisses von Papst- und Kaisertum führt politisch zu einer Überordnung der geistlichen Gewalt über die weltliche und begründet damit die geforderte allumfassende gesetzliche Regelungskompetenz für die Kirche beziehungsweise das Papsttum[14]. Nach der den kaiserlichen Interessen entsprechenden Ausgestaltung der Zwei-Schwerter-Theorie, die insbesondere von Otto von Freising, Historiograph des Stauferkaisers Friedrich I. vertreten wurde und auch im Sachsenspiegel[15] enthalten ist, erhalten dagegen Kaiser und Papst jeweils direkt und unmittelbar von Gott ein Schwert, mit dem sie auf ihrem Gebiet selbständig, aber insgesamt in Eintracht und gegenseitiger Hilfe, regieren sollen[16]. Diese Auffassung der Zwei-Schwerter-Theorie wurde den

licher Gerichtsbarkeit in sonstigen, den causae spirituales nicht eindeutig zurechenbaren zivilrechtlichen Streitigkeiten Trusen, Anfänge, S. 34; in diesen Problemkreis fallen auch die Kompetenzstreitigkeiten bei Prozessen, die nicht eindeutig und ausschließlich das Bestehen einer Ehe betreffen (vgl. hierzu Köhler, Zürcher Ehegericht, S. 10 ff. insb. S. 20).

[12] Zum Liber Sextus, der Rechtssammlung Bonifaz' VIII, der selbst gelehrter Kanonist war, mit weiterführender Literatur H. E. Feine, Kirchliche Rechtsgeschichte, S. 288 und zuletzt Nörr, Die Entwicklung des Corpus iuris canonici, in Handbuch, I, 844. Zu weiteren Gesetzgebungen dieses Papstes Wolf, Die Gesetzgebung, in Handbuch, I, 713.

[13] Diese Auffassung findet sich teilweise schon im Schwabenspiegel.

[14] „Papa, qui potest dici ecclesia", Aegidius von Rom im Jahr 1285, hier zitiert aus H. E. Feine, Kirchliche Rechtsgeschichte, S. 300.

[15] Verfaßt zwischen 1215 und 1235; zur Entstehungsgeschichte siehe statt aller Schröder / Künssberg, Rechtsgeschichte, S. 719.

[16] Zu den Zwei-Schwerter-Lehren insgesamt findet sich bei H. E. Feine, Kirchliche Rechtsgeschichte, S. 299—311 eine umfassende Darstellung.

päpstlichen Allmachtsansprüchen entgegengesetzt und damit die Unabhängigkeit kaiserlicher Macht im weltlichen Herrschaftsbereich begründet.

In dem Zusammenstoß des französischen Königs Philipp des Schönen (1285—1314) mit Bonifaz VIII. entstand zu diesem Thema eine anonym verfaßte Streitschrift, die aus der Umgebung des bedeutendsten Ratgebers dieses Königs, Guillaume de Nogaret, stammte und ein anschauliches Beispiel des damaligen ideologisch-politischen Konfliktes zwischen weltlicher und kirchlicher Macht bietet. In dieser „Disputatio inter clericum et militem“[17] verhöhnt der miles den clericus, indem er ihn auf die fehlenden Durchsetzungsmöglichkeiten der von der Kirche beanspruchten Rechtssetzungen in weltlichen Angelegenheiten hinweist, ihm so die Sinnlosigkeit dieses kirchlichen Regelungsanspruchs vor Augen führt und ihn in seiner Ohnmacht lächerlich macht: „nullus enim potest de iis statuere, super quae constat ipsum dominium non habere. Sic nec Francorum rex potest statuere super imperium, nec Imperator super regnum Franxiae ... Unde nuper mihi risus magnus fuit, cum audissem noviter statutum esse ab domino Bonifacio octavo, quod ipse est et esse debet super omnes principatus et regna et sic facile potest sibi ius acquirere super rem quamlibet...“[18]. Aber selbst in dieser polemischen Abrechnung mit den päpstlichen Machtansprüchen wird die Gesetzgebungskompetenz des Papstes in geistlichen Angelegenheiten nicht in Frage gestellt, die Regelungsbefugnis über die eherechtliche Materie der Kirche also weiterhin zugestanden — eine Folge der der Zwei-Schwerter-Lehre auch in der kaiserlichen Interpretation zugrunde liegenden Unterscheidung der Regelungsmaterien in spiritualia und temporalia.

Direkt angegriffen hat Marsilius von Padua das kirchliche Eherechtsmonopol über die generelle Leugnung einer päpstlichen Gesetzgebungsmacht. In seinem um 1324 verfaßten Hauptwerk „Defensor Pacis“ entwickelt er seine Rechtslehre auf Grund eines spiritualisierten Kirchenbegriffs; entsprechend dem Vorbild Christi hat der Papst sein Amt als ministerium und nicht als dominium erhalten; da letzteres zur Durchsetzung von Recht und Gesetz Voraussetzung ist, fehlt einer kirchlichen Gesetzgebung und Gerichtsbarkeit jegliche Grundlage. Marsilius spricht den Dekretalen daher nicht nur die Qualität von Gesetzen überhaupt ab und nennt sie bloße „narraciones aut documenta“, sondern fordert darüber hinaus die Bestrafung der päpstlichen Gesetzgeber „tanquam conspiratores et civilis scismaticis concitatores“[19]. In diesem

---

[17] Die Schrift ist um die Wende zum 14. Jahrhundert entstanden; zu den Umständen ihrer Entstehung genauer Gagnér, Studien, S. 169.

[18] Zitiert nach Gagnér, Studien, S. 171.

[19] Zitiert nach Gagnér, Studien, S. 129. Hier finden sich auch weitere

für das Mittelalter einmaligen revolutionären Angriff auf das Papsttum[20] ist die bisher klassische Unterscheidung von Regelungsmaterien in spiritualia und temporalia und die daraus abgeleitete Trennung der Kompetenzbereiche von Staat und Kirche hinfällig geworden. Die Folgen speziell für die Ehegesetzgebung resümiert Marsilius noch einmal in einem Traktat „De iurisdictione imperatoris in causis matrimonialibus": da der Kirche auf Erden keine Zwangsgewalt zustehe, könne sie über die als spiritualia bezeichneten Sachverhalte auch kein dominium haben, folglich fehle für eine kirchlich-geistliche Regelungsbefugnis über die eherechtliche Materie jede Grundlage[21].

Der von Marsilius so offensiv geführte Angriff auf die Jurisdiktionsbefugnis der Kirche blieb in der Praxis folgenlos[22]; Tendenzen zu einer Verweltlichung der eherechtlichen Materie setzten sich auch in der Zeit, in der der rechtspolitische Machtkampf zwischen Kaiser- und Papsttum so radikal geführt wurde und voll entbrannt war, nicht durch[23]. Mit praktischen Folgen griffen erstmals die Reformatoren das Eherechtsmonopol der Kirche an. Die römisch-katholische Seite zweifelte dagegen nicht an der Rechtsüberzeugung einer kirchlichen Kompetenz in Ehefragen[24]. Die Gesetzgebung der nicht-reformierten weltlichen Ordnungsmächte beschränkte sich denn auch bis zum 17./18. Jahrhundert auf die Regelung der mit der Ehe zusammenhängenden vermögensrechtlichen Fragen und respektierte die vom kanonischen Recht vorgenommene Regelung des Bestandes der Ehe.

---

für den vorliegenden Zusammenhang interessante Einzelheiten. Allgemeine Literaturangaben über das Leben und Werk Marsilius' bei H. E. Feine, Kirchliche Rechtsgeschichte, S. 457 Anm. 6.

20 Der Angriff richtete sich nicht so sehr gegen den amtierenden Papst Johannes XXII., als gegen Bonifaz VIII, „der sich durch besonders freche Rechtssetzung hervorgetan habe" (Gagnér faßt mit diesen Worten ein entsprechendes Zitat von Marsilius zusammen).

21 Über die zunächst umstrittene Autorenschaft dieses Traktats vgl. Schwab, Grundlagen, S. 45. Der Text ist enthalten in M. Goldast, Monarchia S. Romani Imperii, I, 1383—1390 (Ffm 1668).

22 Marsilius selbst mußte allerdings, als seine Autorenschaft des „Defensor Pacis" bekannt wurde, aus Paris, wo er als Magister artium lehrte und zeitweilig sogar Rektor gewesen war, fliehen; er begab sich nach Nürnberg und unterstützte Ludwig den Bayern in seinem Kampf gegen Johannes XXII.

23 Auch Wilhelm von Ockham (1285—1347) vertritt in seinem Traktat „Consultatio de causa matrimoniali" den gleichen theoretischen Ansatz wie Marsilius zur Leugnung der eherechtlichen Regelungsbefugnis der Kirche, trägt diesen allerdings nicht so offensiv politisch vor; hierzu Schwab, Grundlagen, S. 40—45. Vgl. dort auch die Darstellung zum thomistischen Ansatz einer staatlichen Ehegesetzgebung (S. 34—40).

24 Dementsprechend erfolgte auch die Einflußnahme der weltlichen Obrigkeiten auf die Ehegesetzgebung auf dem Tridentinum nur mittelbar über politischen Druck auf die Konzilsteilnehmer (vgl. hierzu unten S. 45).

Mit diesen Ausführungen wird die Zuständigkeit der kirchlich-geistlichen Gerichtsbarkeit für den Prozeß Jölins gegen Susanna Fuchs selbstverständlich. Neuenburg war bis auf eine kurze Zwischenphase vor dem Bauernkrieg altgläubig geblieben[25], — an der Überzeugung kirchlicher Kompetenz in Ehesachen hatte sich hier also auch infolge der Reformation nichts geändert.

2.2. Kirchliche Gerichtsorganisation und Verfahrensbeteiligte

Konkret war für die zum Bistum Konstanz gehörigen Neuenburger[1] das dortige Konsistorium[2] zuständig[3], das nach der Reformierung von Konstanz Ende August 1526 nach Radolfzell verlegt worden war[4].

Innerhalb der geistlichen Gerichtsbarkeit einer Diözese stand dem Bischof die Gerichtsgewalt zu. Die Kompetenzstreitigkeiten, die nach der Einteilung der Bistümer in Archidiakonate zwischen den eingesetzten Archidiakonen und den Bischöfen um die Gerichtsbarkeit seit dem 11./12. Jahrhundert ausgebrochen waren, waren letztlich zugunsten der Bischöfe entschieden worden; in Konstanz ist die alleinige Zuständigkeit des Bischofs in Ehesachen ab der Mitte des 14. Jahrhunderts wieder nachgewiesen[5]. Die Bischöfe nahmen die Richtertätigkeit nicht persönlich wahr, sondern überließen sie rechtskundigen Klerikern, den Offizialen[6]. Diese wurden von ihnen nach Beratung und unter Zustimmung des Kapitels ernannt und konnten jederzeit wieder abberufen werden; im übrigen erlosch ihr Amt mit dem Tod oder der Suspendierung des Bischofs[7]. Als Richter handelten sie direkt als Stellvertreter

[25] Handbuch der historischen Stätten, VI, Neuenburg.

[1] Vgl. hierzu die bei Merk, Stadtrechte, abgedruckten Urkunden über die kirchliche Verwaltung Neuenburgs durch den bischöflichen Stuhl in Konstanz (Urkunden ab Nr. 72).

[2] So die übliche Bezeichnung des Konstanzer geistlichen Gerichts; urkundlicher Nachweis aus dem Jahr 1498 bei Köhler, Zürcher Ehegericht, S. 29.

[3] Zu den kanonischen Zuständigkeitsgrundsätzen siehe Plöchl, Geschichte, II, 310. Hier knüpft die Zuständigkeit an den Wohnsitz (domicilium) an.

[4] Köhler, Zürcher Ehegericht, S. 68; Martens, Badische Geschichte, S. 127. Der Bischof selbst hatte sich nach seinem Schloß in Meersburg abgesetzt, die bischöfliche Kurie war nach Überlingen gezogen.

[5] Gottlob, Die Offiziale, S. 55—59; allgemein zur archidiakonalen Gerichtsbarkeit und den daraus resultierenden Konflikten mit den Bischöfen Trusen, Die gelehrte Gerichtsbarkeit, in Handbuch, I, 471, 482—483.

[6] Daß ein Laie dieses Amt nicht ausüben konnte, ergibt sich aus X 2, 1, 2: „laici ecclesiastica negotia tractare non debent ...". Zum Erfordernis umfangreicher juristischer Kenntnisse für Konstanz Gottlob, Die Offiziale, S. 52 und Köhler, Zürcher Ehegericht, S. 11, der für das Jahr 1499 einen „Decretorum licentiatus" als Offizial erwähnt. Allgemein zu den Erfordernissen des Offizials Trusen, Die gelehrte Gerichtsbarkeit, in Handbuch, I, 474.

[7] Für Konstanz, wo sich das Offizialat als Amt seit 1256 findet, Gottlob,

des Bischofs, bildeten also nicht etwa nur eine Art bischöflicher Unterinstanz: „consistorium episcopi et officialis unum et idem censentur"[8], — was insbesondere bedeutete, daß Appellationen gegen ihre Entscheidungen nicht an den Bischof, sondern unmittelbar an den Erzbischof gingen. Das allgemeine Ansehen und der Einfluß der Offiziale waren entsprechend dieser richterlichen Machtstellung auch sehr groß[9].

Der den Prozeß zwischen Jölin und Susanna entscheidende Offizial war zugleich Generalvikar der Diözese und nahm auf Grund dieses Amtes auch die bischöfliche Verwaltungstätigkeit wahr. Das Zusammenfallen der beiden Ämter des Offizials (zuständig für die Jurisdiktion) und des Generalvikars (zuständig für die Verwaltungstätigkeit) in einer Person findet sich nicht nur im Bistum Konstanz häufig[10]. Im vorliegenden Fall führt es zu einer Arbeitsüberlastung und Verzögerung des Prozeßablaufs, da der „dominus vicarius vnd officialis" "mit so vil händel vnd sachen ... och mit visitatione decanatuum ruralium jm Bryssgew, Rotwiler vnd andern decanaten etc. so vil zeschaffen" hat, daß er den „casibus matrimonialibus etc. nit hat könden noch mögen diser zyt vor sin vnd versechen"[11]. Was die Stellung des Offizials innerhalb des Verfahrens angeht, so fällte er am Ende die streitabschließende Entscheidung als Einzelrichter allein[12]. Grundsätzlich stand ihm hierbei die Möglichkeit offen, den Rat anderer iurisperiti einzuholen, — in besonders schwierigen Fällen war er hierzu sogar verpflichtet, — mußte dies aber dann in der Urteilsformel erwähnen („iuris consilio peritorum habito" zum Beispiel)[13]. Ob der entscheidende Offizial im vorliegenden Fall auf diese Konsultationsmöglichkeit zurückgegriffen hat, läßt sich aus dem überlieferten Material nicht feststellen.

Den Beginn eines streitigen Verfahrens leitete die Klage einer Partei ein; von Amts wegen wurde der Offizial innerhalb der streitigen Gerichtsbarkeit nicht tätig[14].

Die Offiziale, S. 43—47; allgemein Trusen, Die gelehrte Gerichtsbarkeit, in Handbuch, I, 474.

8 Hostiensis, Summa, zitiert nach Trusen, Die gelehrte Gerichtsbarkeit, in Handbuch, I, 474 Anm. 2.

9 Für Konstanz Nachweise bei Gottlob, Die Offiziale, S. 36 und 43.

10 Trusen, Die gelehrte Gerichtsbarkeit, in Handbuch, I, 475; für Konstanz Gottlob, Die Offiziale, S. 93 Anm. 5.

11 Zitate aus Nr. 3285 (Stamler an Amerbach).

12 Zur Entwicklung dieses Richtertypus aus dem römischen Recht vgl. Ober, Die Rezeption; konkret zur Entwicklung in der Diözese Konstanz Budischin, Der gelehrte Zivilprozeß, S. 7.

13 Beispiele bei Gottlob, Die Offiziale, S. 52 Anm. 4 und S. 53 Anm. 2; s. auch Trusen, Die gelehrte Gerichtsbarkeit, in Handbuch, I, S. 475/476.

14 Das Verfahren erfolgte also im Parteibetrieb, vgl. Gottlob, Die Offiziale, S. 50; Köhler, Zürcher Ehegericht, S. 42.

Neben dem Offizial die wichtigste Person in der Gerichtsbehörde war der Insiegler[15]. Ihm konnten als Aufgaben neben der Verwaltung des Siegels und der Einziehung der Siegelgebühren auch die Kontrolle der Gerichtsfinanzen, die Beaufsichtigung der Notare und zum Teil sogar die Stellvertretung des Offizials oder des Generalvikars übertragen werden[16]. In der zwischen Amerbach und seinen Prozeßvertretern gewechselten Korrespondenz ist von dem Insiegler nur im Zusammenhang mit seiner Honorierung die Rede[17], so daß weitere Aussagen über seine konkrete Tätigkeit in dem vorliegenden Prozeß nicht gemacht werden können.

Wegen fehlender Angaben in dem überlieferten Prozeßmaterial soll an dieser Stelle auch nur ein kurzer, allgemeiner Überblick über die Stellung und Aufgaben des Notars gegeben werden[18]. Der Notar hatte im vorliegenden Fall als persona publica[19] die einzelnen Prozeßhandlungen und das Urteil des Richters zu protokollieren. Diese Beurkundung der gerichtlichen Handlungen war für den kanonischen Prozeß seit dem 4. Laterankonzil von 1215 vorgeschrieben[20]. Die Beherrschung der lateinischen Sprache und bestimmte Rechtskenntnisse gehörten zu den fachlichen Voraussetzungen eines solchen öffentlichen Notars, die sich schon aus der Funktion des Amtes ergaben. Am Konsistorium Konstanz mußte ihr Vorliegen durch entsprechende Prüfungen vor der Übernahme dieses Amtes nachgewiesen werden[21]. Im übrigen mußte der hier zugelassene Gerichtsnotar Kleriker sein, also dem geistlichen

---

[15] Seine Ernennung war in Konstanz zeitweilig (Ende des 15. Jahrhunderts) sogar nur mit Zustimmung des Domkapitels möglich, Gottlob, Die Offiziale, S. 95.

[16] Für letzteres nennt Gottlob, Die Offiziale, S. 95 für Konstanz ein Beispiel; zu dem Übrigen Trusen, Die gelehrte Gerichtsbarkeit, in Handbuch, I, 476.

[17] Hierzu unten S. 57.

[18] Zu einer nach Ansicht Amerbachs unzulässigen Protokollierung durch ihn unten S. 73 f.; zu seiner Bezahlung ebenfalls unten S. 57.

[19] Zu dieser wurde er durch obrigkeitliche (kaiserliche oder päpstliche) Autorisation; zu den persönlichen Voraussetzungen für eine solche Ernennung, wie zum Beispiel Mindestalter von 25 Jahren, guter Ruf etc. Schuler, Geschichte, S. 127—130.

[20] Innozenz III. in X 2, 19, 11: „statuimus, ut tam in ordinario iudicio quam extraordinario iudex semper adhibeat aut publicam, si potest habere, personam, aut duos viros idoneos, qui fideliter universa iudicii acta conscribant ...". Zum Zusammenhang der Einführung des Notariats mit der Entwicklung des Schriftlichkeitsprinzips im kanonischen Verfahren siehe insbesondere Plöchl, Geschichte, II, 312.

[21] Vgl. die Gerichtsordnung des Bischofs von Marquardt zu Anfang des 15. Jahrhunderts (Gottlob, Gerichtsordnung, S. 200, 206/207). Im übrigen war für Notare ein bestimmter Ausbildungsgang, wie zum Beispiel Universitätsstudium, nicht vorgeschrieben (Trusen, Anfänge, S. 82 und zuletzt Schuler, Geschichte, S. 100—121).

Stand angehören und vor Antritt seines Amtes einen Treueid auf den Bischof leisten[22].

Von den Gerichtspersonen zu erwähnen ist noch der „Coadiutor" Johannes Bury[23], der gleich zu Beginn des Prozesses in Erscheinung tritt und die auf die Klage Jölins hin erfolgte Vorladung oder Citation Susannas[24] angefertigt und unterschrieben hat; außer an dieser Stelle ist von ihm während des ganzen Prozesses niemals mehr die Rede, — er scheint demnach nur ein einfacher Schreiber gewesen zu sein, der auf die Prozeßentwicklung keinerlei Einfluß gehabt hatte[25].

Als Interessenvertreter der beklagten Partei traten in dem Prozeß als Advokat Augustin Wurm und als Prokurator Johann Stamler, nach seinem Tod Sebastian Löw, auf[26]. Der Advokat leitete im kanonischen Gerichtsverfahren den Prozeß für seine Partei in allen juristischen Fragen sozusagen aus dem Hintergrund, während der Prokurator die vom Advokaten entworfenen Prozeßstrategien unmittelbar vor dem Gericht, an dem er für diese Tätigkeit zugelassen war[27], vertrat. Informationsaufnahme, Schriftsatzanfertigung, Beratung in den juristischen Verteidigungsmöglichkeiten, Kontrolle der vom Notar gefertigten Protokolle waren Aufgaben des Advokaten, — die tatsächliche Vertretung der Partei vor Gericht durch Antragstellung, Einreichung der Schriftsätze etc. die des Prokurators. Entsprechend dieser unterschiedlichen Aufgabenstellung waren die Anforderungen an ihre Ausbildung verschieden; während vom Advokaten in der Regel das Studium des römischen und kanonischen Rechts verlangt wurde, genügte beim Prokurator die praktische Kenntnis des kanonischen Prozeßrechts[28]. Auch im vorliegenden Fall hatte der Advokat Augustin Wurm das Studium der Rechte absolviert, war zwar nicht Doktor der Rechte, aber immerhin Lizentiat[29]; über die juristische Vorbildung des Prokurators Johann

[22] Weitere Einzelheiten über die Stellung der Notare am Konstanzer Konsistorium bis 1512 bei Schuler, Geschichte, S. 181—201.

[23] So bezeichnet er sich selbst in der Citation, Nr. 3255 Anm. 2.

[24] Seit dem Mittelalter sind diese Vorladebriefe als „literae citatoriae" bekannt (Köhler, Zürcher Ehegericht, S. 42).

[25] Zu sonstigem unteren Gerichtspersonal wie Pedelle, Nuntien, etc., die im vorliegenden Material keine Erwähnung finden, siehe Trusen, Die gelehrte Gerichtsbarkeit, Handbuch, I, 479.

[26] Biographische Daten über sie haben die Herausgeber der Amerbachkorrespondenz nicht mitgeteilt.

[27] Sebastian Löw wird zum Beispiel als Prokurator Curiae Constantiensis bezeichnet; zu den Prokuratoren als „Nebenpersonen" des Gerichts Döhring, Rechtspflege, S. 120.

[28] Zur Advokatur und zum Prokuratorenamt im kanonischen Gerichtsverfahren allgemein Trusen, Die gelehrte Gerichtsbarkeit, in Handbuch, I, 477.

[29] Nr. 3263 Anm. 2 und Nr. 3262. Zum Lizentiat Stintzing / Landsberg, Geschichte, I, 75 und genauer Burmeister, Studium, S. 287—293.

Stamler ist dagegen nichts bekannt. Sebastian Löw wird nur allgemein als Magister bezeichnet, wobei offen bleibt, ob er diesen Titel als Magister artium oder legum erworben hat[30]. Ausgewählt wurden Advokat und Prokurator von den Parteien; Amerbach hatte mit dieser Aufgabe seinen Schwiegersohn Dr. Johann Ulrich Iselin, selbst Jurist und Professor an der Universität in Basel, betraut und ihn nach Radolfzell geschickt, „alle ding zuversechen"[31]. Während für die Mandatserteilung an den Advokaten offenbar keine besonderen formellen Erfordernisse bestanden, mußte der Prokurator in einem öffentlichen Akt bestellt werden. Stamler und Löw sollten beispielsweise „coram Commissario Friburgensi ... oder einem offenen Notarien ... in praesentia testium secundum formam juris et stilum curie" in ihr Amt eingesetzt werden[32].

Sicherlich nicht üblich und repräsentativ für das Verhältnis zwischen Partei und Prozeßvertretern war die Zusammenarbeit Amerbachs mit Wurm und Stamler beziehungsweise Löw. Amerbach hätte auf Grund seiner Rechtskenntnisse und juristischen Erfahrung die Vertretung Susannas in dem Prozeß theoretisch auch selbst übernehmen können. Da es damals jedoch ebensowenig üblich war wie heute, als Jurist in eigener Sache aufzutreten[33], trat er selbst in dem Verfahren nach außen hin nicht in Erscheinung, sondern bestimmte und lenkte die Prozeßführung von Wurm und Stamler lediglich von Basel aus. Zu den einzelnen juristischen Problemen gab er ihnen gutachterliche Äußerungen zur Hand, die er seinerseits mit qualifizierten und bekannten Juristen besprochen und sorgfältig ausgearbeitet hatte. Diese dann „noch des hoff bruch (zu, Anm. d. V.) stellen, bessern, endern, mindern, mern"[34], also entsprechend den gerichtlichen Gepflogenheiten am Konsistorium zu Radolfzell einzubringen, überläßt er dann Wurm und Stamler. Ein anschauliches Bild von dieser Zusammenarbeit bietet ein Brief von Wurm, in dem dieser den Vorschlag Amerbachs, ein bestimmtes und von Amerbach entwickeltes Vorbringen schriftlich einzureichen, zurückweist, — mit einer Begründung, aus der der gerichtserfahrene Praktiker spricht: „Es wirt aber nit von nötenn sein, dz solliche cause jn gschrifft eingelegt werdenn, ... dann solltenn sye jn gschrifft eingelegt werdenn, so wurde ain gschrifft die annderenn bringen, darmitt die sach mit verzerung vyl vergebner kostenn jn die lanngenn truchen gespylt werden möchte"[35].

[30] Vgl. Nr. 3295. Zu diesen Magistertiteln Trusen, Anfänge, S. 229.

[31] Nr. 3248 Anm. 2. Biographische Nachweise über Iselin vor Nr. 2104.

[32] Nr. 3263 (betrifft Stamler) und Nr. 3300 (betrifft Löw). Zur Bezeichnung des öffentlichen Notars als „offenen", Schuler, Geschichte, S. 131.

[33] Vgl. hierzu das Beispiel in der Auseinandersetzung mit dem Kloster unten S. 85.

[34] An Stamler Nr. 3255.

[35] Anm. 1 zu Nr. 3263.

Jölin wird nach Berichten von Susannas Bruder Alban durch vier Ratgeber unterstützt, zu denen sogar der Stadtschreiber von Neuenburg gehören soll; da von Prozeßvertretern auf der Klägerseite nichts überliefert ist, erfolgte diese Unterstützung scheinbar nur auf einer informellen Ebene[36].

Die Darstellung der an dem Eheverfahren beteiligten und in Erscheinung getretenen Personen kann daher abgeschlossen werden und zum Inhalt und Verlauf des Prozesses selbst übergegangen werden. Da das Urteil des Gerichts nicht auffindbar ist, kann von dem letztlich als erwiesen und wahr erachteten Tatbestand nicht ausgegangen werden; notwendig wird deshalb ein chronologisch am Verfahrensgang und den Parteivorträgen orientiertes Vorgehen. Konkret heißt das, daß die zur Entscheidung anstehenden rechtlichen Fragen anhand der von Jölin in seiner Klage aufgestellten Tatsachenbehauptungen und den entsprechenden Einlassungen der Gegenseite erörtert werden.

2.3. Darstellung der Klage Jölins

Ziel der im Februar 1550 eingereichten Klage Jölins war die Anerkennung seiner Beziehung zu Susanna als Ehe. Auf folgende Behauptungen, die er in zwölf Punkten untergliedert darstellte, stützte er dabei seinen Anspruch[1]:

1. Vor etwa drei Jahren habe er sich dem Bitten und Drängen der damals erst 13jährigen Susanna „ad rem carnis secum" aus Anständigkeit, und weil er die von ihrer Familie zu erwartende feindselige Reaktion ihm gegenüber fürchtete, zunächst entzogen.
2. „In absentia matris ... et relique familie" habe ihn Susanna am 25. April 1548 in den oberen Teil des Hauses zu sich gerufen und in ein Zimmer geführt, in dem ein Bett stand: „in qua aula lectus erat pulchre stratus". Trotz seiner ständigen Zurückweisungen habe sie ihn immer wieder eindringlich gebeten, mit ihr zu schlafen; als sie mit ihrem Drängen gar nicht aufhörte, habe er vorgeschlagen, zumindest vorher die Ehe zu schließen: „o we, jch hab nun dinem vatter säligen vnd yetzt deiner muter funff jar gedient. Die vertruwen mir söllichss nitt. Jch bin ein armer gesell, hab nuntz, alss du waist. Sollt man das von mir erfaren, so wär jch vor diner muter vnd dinen frunden nitt sicher. Ich müste vss Nuwenburg entloffen. Wenn du aber ye nit anderst wilt, So beger jch dein zu der ee". Susannas Antwort — „Ey lieber, lass dich das nitt kümeren.

---

[36] Nr. 3228 und 3287.

[1] Abgedruckt ist die Klage unter Nr. 3268 Anm. 1; bis auf einige wörtliche Zitate ist sie in Latein abgefaßt.

Wir wöllen noch wol zesamen komen" — stelle die Einwilligung in seinen Antrag dar, auf die und weiteres Bitten hin er schließlich mit ihr geschlafen habe. Diese sexuelle Beziehung hätten sie von dann ab bis etwa Juni 1549 fortgesetzt.

3. Mit Aufnahme seiner Tuchschneiderlehre Anfang 1549 habe er das Haus Fuchs verlassen. Als er gelegentlich einer zu verrichtenden Arbeit noch einmal dort gewesen sei, habe Susanna ihm vorgehalten, sie nicht mehr zu lieben und andere Frauen zu haben, während sie sich doch fest auf ihn verlassen hätte: „Jch hab all min hoffnung vff dich gesetzt. Nun verlast du mich vnd hast gar kain liebe mer zu mir ... Du hast yetzund hupsche kellerin jn dinem huss, die dir lieber sindt weder jch." Er habe sie daraufhin auf die für ihn unmögliche Situation hingewiesen, ihr treu zu sein, ohne mit ihr zusammensein zu können: „Jch bin noch jung. Wann du mich aber zur ee nimpst, so waistu dann, das jch kain andere lieb haben soll dann dich", — mit Handschlag hätte er ihr das auf ihre Aufforderung hin versprochen.

4. Um Ostern desselben Jahres herum habe er mit ihrem Bruder Alban im Hause Fuchs gebadet; als er sich zum Abtrocknen allein in einem anderen Zimmer befunden hätte, sei Susanna gekommen und habe ihn wiederum bedrängt, mit ihr zu schlafen („...nudus deprehensus et super carnis copula impetitus..."); wiederum erst nach Zögern, „cum rea finem orandi non faceret", habe er ihr nachgegeben, was ihren späteren Angaben zufolge zu ihrer Schwangerschaft geführt hatte („ ... eandemque ibidem carnaliter cognauerit et (prout rea postmodum actorimet sit confessa) illic eam prole impregnauerit.").

5. Ein weiterer Vorfall habe sich Ende September 1549 abgespielt. Als er damals in Anwesenheit von Susannas Familie und einem Verwandten von ihr, Maternus Ketler, angekündigt habe, nach Lothringen zu gehen, habe ihn Susanna an der Tür zur Rede gestellt und ihm vorgeworfen, sie jetzt, wo sie schwanger sei, zu verlassen und ein „Schelm" an ihr zu werden. Diesen Vorwurf habe er mit den Worten „ich beger doch din zunn eeren" zurückgewiesen, und ihr dieses auf ihr Verlangen, „so verheiss mirss by der hand, das du kain schelm an mir werden wöllest", „manu stipulata" versprochen. Dieses Gespräch habe Maternus Ketler mitgehört.

6. Den Vorwurf, sie wegen ihrer Schwangerschaft zu verlassen, habe sie ihm auch noch einmal schriftlich in einem Brief gemacht, den er im Beisein der Frau des Maternus Ketler und Valerius Wurtzengarter erhalten habe: „Jch hab mich vff dich vertruwet, jch hetz

wol nit dörffen; du wurst machen, das jch mir mein leben nemen wurd... wenn ich nit mit dem kind gienge, so wär jch ouch noch lieb".

7. Vor der genannten Frau des Maternus Ketler habe Susanna auch zugegeben, von ihm ein Kind zu erwarten.

8. Auf Grund ihrer Versprechungen sei er kurze Zeit später noch einmal zu Susanna gegangen, um endlich Klarheit darüber zu erlangen, ob sie ihn nun heiraten wolle. Die von Susanna geltend gemachten Bedenken, „ich wölt dich gern nemen, aber jch förcht, man geb vnss nichtz", habe er durch einen Verzicht auf ihr Vermögen auszuräumen versucht „dwyl du so ain liebe zu mir hast, so frag jch dinem gut nit nach"; im übrigen solle sie ihm, falls sie ihn nicht heiraten wolle, das Kind geben und ihn fahren und in Ruhe lassen. Susanna habe ihm hieraufhin bald eine positive Antwort geben wollen.

9. Als er Mitte Oktober 1549 immer noch keine Antwort erhalten hätte, sei er zu ihr gegangen, um diese endgültig zu erlangen: „Nun will ich nit von dir, biss du mir ain antwurt gibst. Wilt du mich zu dem hailgen sacrament der ee, so schlach mirss dar", worauf Susanna ihm „per verbum vulgare ‚Ja'" geantwortet und dies mit Handschlag verdeutlicht habe, „partium manibus contrahentium instar complosis". Um den Vertrag zu bekräftigen, habe er dann nochmals gefragt: „Soll ess aber ein ee sin vor gott vnd vor der welt?", woraufhin Susanna wiederum mit „Ja" geantwortet habe. Sehr oft noch hätten sie später diesen Vertragsschluß wiederholt, ohne daß Susanna jemals irgendwelche Zweifel daran gehabt hätte.

10. Anfang Dezember 1549 sei Susanna dann wegen der bevorstehenden Geburt von ihrer Familie nach Basel gebracht worden. Seit dieser Zeit habe er sie auch nicht mehr gesehen.

11. In Basel habe sie im Haus des Johannis Graffen davon gesprochen, in Neuenburg einen rechtmäßigen Ehemann, „maritum legitimum", zu haben und dabei ihn bezeichnet.

12. Im Dezember 1549 habe er dann schließlich an Bonifacius Amerbach geschrieben und ihn sehr höflich gebeten, dem Ehevertrag zuzustimmen und ihm seine rechtmäßige Ehefrau zurückzugeben. Amerbach habe es nicht für nötig befunden, ihm auf diesen bescheiden gehaltenen Brief zu antworten, und enthalte ihm bis heute seine Gattin, die neulich ein Kind geboren habe, vor.

Soweit der Klagevortrag. Jölin konstruiert hier aus seinem Verhältnis zu Susanna eine Ehe, die ohne Einhaltung irgendwelcher öffentlicher, formaler Handlungen zustandegekommen sein soll. Er stützt sich dabei auf das zur Zeit des Prozesses geltende Recht, nach dem alleinige Voraussetzung für das Zustandekommen einer Ehe der hierauf gerichtete Konsens eines Mannes und einer Frau war.

2.4. Geschichtliche Entwicklung des kanonischen Eheschließungsrechts

Das im justinianischen Recht geltende Konsensprinzip „nuptias non concubitus, sed consensus facit“[1] oder „non enim coitus matrimonium facit sed maritalis affectio“[2] ist von Papst Nikolaus I. im Jahr 866 aufgegriffen worden; in seinem Schreiben „Responsa Nicolai ad consulta Bulgarorum“ hatte er grundlegend für das kanonische Recht die Notwendigkeit kirchlicher und weltlicher Eheschließungsbräuche verneint und den Konsens der Nupturienten für ausreichend und genügend zur gültigen Eheschließung erklärt: „Peccatum autem esse, si haec cuncta (solemnia, Anm. d. V.) in nuptiali foedere non interveniant, non dicimus, ... ac per hoc sufficiat secundum leges solus eorum consensus, de quorum conjunctionibus agitur. Qui consensus si solus in nuptiis forte defuerit, caetera omnia etiam cum ipso coitu celebrata frustrantur ...“[3]. Seit dieser Zeit sind Formalitäten und copula carnalis, die seit jeher nach Gewohnheiten und Bräuchen die eheliche Zuordnung eines Paares verdeutlichten und symbolisierten, von der kanonischen Wissenschaft und Praxis durchgängig und immer entschiedener als unerheblich für das Zustandekommen des Tatbestandes einer Ehe angesehen worden; beispielhaft soll dies an den zentralen und für die spätere Entwicklung des kanonischen Rechts ausschlaggebenden Eherechtslehren des 12. Jahrhunderts verdeutlicht werden[4].

[1] Ulpian D 50, 17, 30 und 35, 1, 15.

[2] Ulpian D 24, 1, 32, 13.

[3] Zitiert nach Dieckhoff, Kirchliche Trauung, S. 48. Gratian hat diese Stellen des päpstlichen Schreibens in etwas veränderter Form in das Dekret aufgenommen (c3 C30 q5 und c2 C27 q2).

[4] Die im letzten Drittel des vorigen Jahrhunderts insbesondere von Freisen, Meurer, Scheurl, Dieckhoff und Sohm vertretene Anschauung, daß nach kanonischem Recht die Kopula und nicht der Konsens ehebegründend gewirkt hatte, ist inzwischen im einzelnen aus den Quellen widerlegt worden (Plöchl, Geschichte, II, 268; Sehling, Verlöbnisse, S. 87). Der folgende Überblick über das Eheschließungsrecht orientiert sich daher an der in der neueren Literatur hierzu vertretenen Konsenstheorie (vgl. zum Beispiel außer den genannten Portmann, Wesen, S. 76 und Feine, Rechtsgeschichte, S. 431). Die Nachzeichnung der Debatte um das Problem und die Bedeutung der Kopula im kanonischen Recht ist unergiebig und führt nicht weiter. Am Beispiel von Freisen (Canonisches Eherecht, S. 215, 171) sei aufgezeigt, daß letztlich verschiedene Definitionen der Ehe zu den unterschiedlichen Quelleninterpretationen geführt hatten. Freisens Ansicht, daß das auflösbare matrimonium initiatum Gratians keine Ehe, sondern nur ein Verlöbnis sei und folglich erst die Kopula die Ehe, das matrimonium consummatum, begründe, beruht auf der Voraussetzung, daß eine Ehe nur ein unauflösliches

Allein dem Konsens mißt schon Gratian ehebegründende Kraft zu[5]. Die zentrale Bedeutung der Kopula in seiner eherechtlichen Lehre, die zu der Unterscheidung von einem „matrimonium initiatum" und einem „matrimonium consummatum"[6] führt, hat lediglich Bedeutung für die Auflösungsmöglichkeiten des in beiden Fällen ohne Zweifel bestehenden Eheverhältnisses; während die durch Konsens begründete, aber noch nicht durch die copula carnalis vollzogene oder konsummierte Ehe unter bestimmten Voraussetzungen noch auflösbar ist, wird die konsummierte Ehe unauflösbar[7]. Auch in Bezug auf die Förmlichkeiten ist nach Gratian der Konsens ausreichend und ausschlaggebend für das Zustandekommen einer Ehe: „illorum vero coniugia, qui contemptis omnibus illis solempnitatibus solo affectu aliquam sibi in coniugem copulant, huiuscemodi coniugium non legitimum, sed ratum tantummodo esse creditur"[8].

Auch die Eherechtslehre der französischen Kirche, wie sie von Petrus Lombardus[9] unter dem Einfluß von Hugo von St. Victor[10] dargestellt

---

Verhältnis ist; solange ein Verhältnis auflösbar ist, kann es sich also auch nicht um eine Ehe handeln. In sich ist diese Argumentation nicht angreifbar, da durch die vorausgesetzte Definition der Ehe ein Zirkel hergestellt wird, der immanent nicht widerlegt werden kann. Ohne auf den in Deutschland geführten Streit um Konsens- und Kopulatheorie einzugehen, führt Esmein 1891 die im Vergleich zu späteren Zeiten jedenfalls große Bedeutung der copula carnalis für den mittelalterlichen Menschen zurück auf dessen Bedürfnis nach Versinnbildlichungen und Vergegenständlichungen, das als Folge des noch kaum ausgebildeten Abstraktionsvermögens bestand (Le mariage, I, 89 f.).

Einen Erklärungsaspekt für die in Deutschland geführte, vom heutigen Standpunkt her fruchtlose rechtsgeschichtliche Kontroverse könnten Foucaults Thesen zur seit dem 17. Jahrhundert angeblich immer stärker werdenden Repression von Sexualität bieten. Foucault zeigt den Zusammenhang der Unterdrückung und Verbannung von Sexualität aus dem gesellschaftlichen offiziellen Bereich mit einer gleichzeitig auftretenden Vermehrung des Diskurses auf, der in den verschiedensten Wissenschaften und Institutionen über Sexualität auftritt. Die Debatte der Rechtshistoriker über den Stellenwert der copula carnalis bei der Eheschließung in die von Foucault beschriebene „diskursive Existenz des Sexes" einzuordnen, bietet eine neue, interessante Betrachtungsweise von ihr an (Foucault entwickelt diese Gedanken in „Sexualität und Wahrheit, Der Wille zum Wissen").

[5] c3, c5, c6, c9, c10 C27 q2.

[6] „Sed sciendum est, quod coniugium desponsatione initiatur, commixtione perficitur" (c34 C27 q2).

[7] Hierzu im einzelnen noch Dieckhoff, Kirchliche Trauung, S. 123 und Plöchl, Eherecht, S. 37. Nur so kann auch erklärt werden, daß Gratian das Verhältnis zwischen Maria und Joseph als Ehe anerkennt.

[8] c17 C28 q1; zu dem in diesem Punkt verwirrenden Caput „Aliter legitimum" unten S. 36.

[9] Gestorben um 1164 als Bischof in Paris. Um 1150 verfaßte er die 4 Bücher der Sentenzen, die wegen ihrer Klarheit und Knappheit zum wichtigsten theologischen Handbuch des Mittelalters wurden.

[10] Gestorben 1141, seit 1133 Leiter der Klosterschule des Stiftes St. Victor.

und weiterentwickelt wurde, kommt in diesem Punkt zu dem gleichen Ergebnis wie Gratian und spricht dem Konsens ehebegründende Wirkung zu, — die unauflösliche Ehe kommt in dem Moment zustande, in dem die Vertragspartner den hierauf gerichteten Willen äußern. Im Gegensatz zu Gratian kommt in dieser Lehre dem Vollzug der copula carnalis keine Bedeutung für den Eintritt rechtlicher Folgen zu. Die Frage der Auflösbarkeit des Verhältnisses entscheidet sich allein danach, ob durch consensus de praesenti eine Ehe bereits zustandegekommen ist oder ob sich die Partner durch consensus de futuro lediglich das Versprechen künftiger Eheschließung gegeben haben: „efficiens autem causa matrimonii est consensus, non quilibet, sed per verba expressus, nec de futuro, sed de praesenti... Ex his apparet, quod consensus, id est pactio coniugalis, matrimonium facit; et ex tunc coniugium est, etiamsi non praecessit vel secuta sit copula carnalis...“[11]. Auch die den Konsens begleitenden Förmlichkeiten sind nach der gallikanischen Eherechtslehre unwesentlich für den Eheschluß: „In hujus Sacramenti celebratione sicut in aliis quaedam sunt pertinentia ad substantiam sacramenti, ut consensus de praesenti... quaedam vero pertinentia ad decorem et solemnitatem sacramenti, ut parentum traditio, sacerdotum benedictio et hujusmodi...“[12].

Für die Gesetzgebung hat der rechtsgelehrte Papst Alexander III. (1159—1181), vormals Magister Rolandus Bandinellus, mit der grundsätzlichen Übernahme der französischen Sponsaliendistinktion[13] die zentrale Bedeutung des Konsenses für die Eheschließung eindeutig festgelegt: „sponsalia de praesenti non solvuntur per sequens matrimonium, etiam carnali copula consummatum“[14]. Dieser Satz ist in verschiedenen Formen von allen nachfolgenden Päpsten übernommen worden. Innozens III. (1198—1216) erläßt in diesem Zusammenhang zum Beispiel folgende Bestimmung: „in matrimoniis de cetero contrahendis illud te volumus observare, ut, postquam inter legitimas personas consensus legitimus intervenerit de praesenti, qui sufficit in talibus iuxta canonicas sanctiones, et si solus defuerit, cetera, etiam cum ipso coitu celebrata, frustrantur, si personae iunctae legitime cum aliis postea de facto contrahant, quod prius de iure factum fuerat non poterit irritari“[15].

Die Geltung des römisch-rechtlichen Eheschließungsgrundsatzes ist so seit dem 12. Jahrhundert in der kanonistischen Wissenschaft und

[11] Sententiarum, IV, dist. XXVII, b et c.

[12] Sententiarum, IV, dist. XXVIII, b.

[13] Über die Abweichungen, —unvollzogene Konsensehe ist in bestimmten Fällen auflösbar; sponsalia de futuro verwandeln sich durch copula in Ehen, — vgl. den knappen Überblick bei Dieterich, Protestantisches Eherecht, S. 23.

[14] X 4, 4, 3; siehe auch X 4, 1, 9.

[15] X 4, 4, 5.

Praxis fest verankert. Eine Darstellung der diesen Punkt betreffenden Dekretalen und weiteren wissenschaftlichen Literatur erübrigt sich, da sie letztlich nur Wiederholungen dieser grundlegenden und richtungweisenden Quellen enthalten[16]. Auch zur Zeit der Entscheidung des Prozesses, 1550, hatte sich an der Überzeugung, daß eine Ehe allein durch den hierauf gerichteten Konsens der Nupturienten zustandekommt, noch nichts geändert[17]; ein gültiger Eheschluß mußte also, was für den vorliegenden Fall wichtig ist, nicht unter Einhaltung irgendwelcher Formen erfolgen.

Bevor nun weiter auf den konkreten Prozeßverlauf eingegangen wird, soll in einem Exkurs der rechtspolitische Zusammenhang der anstehenden Entscheidung dargestellt werden.

2.5. Das matrimonium clandestinum

Die Ehe, auf die sich Jölin in seinem Klagevortrag beruft, war ein sogenanntes matrimonium clandestinum und wäre schon 13 Jahre später infolge der Änderungen des Eheschließungsrechts auf dem Tridentinum nicht mehr als Ehe anerkannt worden. Der Begriff der heimlichen oder klandestinen Ehe war im Lauf der Zeit auf drei verschiedene Sachverhalte angewandt worden. Bezeichnet worden waren damit Eheschließungen, die nicht durch glaubwürdige Zeugen beweisbar waren, Eheschließungen, die ohne vorheriges kirchliches Aufgebot und solche, die ohne elterliche Einwilligung erfolgt waren.

Als unerwünscht und problematisch angesehen worden war das matrimonium clandestinum in allen Erscheinungsformen und zu allen Zeiten. Zunehmend jedoch wurden die Auswirkungen dieser Ehen direkt als Mißstände und soziale Schäden empfunden und gaben damit schließlich den Anlaß zur Einführung eines formalen Eheschließungsrechts, das eine eindeutige, verbindliche Zuordnung eines Paares zueinander ermöglichte. In der allgemein sich vollziehenden Verrechtlichung von Sozialtatbeständen war die Regelung der Eheschließungsform ein

---

16 Statt aller zur Darstellung dieser Quellen im einzelnen Portmann, Wesen der Ehe, S. 81 ff. (bis Innozenz III); Sehling, Verlöbnisse, S. 131—148 (bis Gregor IX) und S. 154 ff. (bis Tridentinum).

17 Für die römisch-katholische Kirche wird dies in den Diskussionen des Tridentinums über die Gültigkeit klandestiner Ehen deutlich (hierzu gleich im folgenden S. 43). In Übereinstimmung mit diesem kanonischen Recht erkennt aber auch Luther die ehebegründende Kraft des Konsenses an. Seine Angriffe auf die kanonistische Distinktion des auf künftige Eheschließung gerichteten Verlöbnisses (sponsalia de futuro) und der Eheschließung selbst (sponsalia de praesenti) beruhen auf der Annahme, daß die Ehe durch Konsens zustandekommt und richten sich lediglich gegen die Undurchführbarkeit dieser Differenzierung im deutschen Sprachgebrauch (vgl. hierzu Dieterich, Protestantisches Eherecht, S. 53/54 mit Quellenangaben).

wesentlicher und tiefgreifender Schritt, der jahrhundertelang fast ausschließlich und unbestritten gegolten hat; die Lebensgemeinschaft eines Paares wurde nur dann sozial und rechtlich anerkannt, wenn sie innerhalb des von da ab genau definierbaren und feststellbaren Rahmens der Ehe stattfand. Das römisch-rechtliche Konkubinat[1] wie auch andere deutsch-rechtliche außereheliche Geschlechtsverbindungen[2] hatte die Kirche als „fornicatio" längst unterbinden können; seit dem Mittelalter war unter ihrem ständig wachsenden Einfluß eine Lebens- und Geschlechtsgemeinschaft zwischen einem Mann und einer Frau rechtlich und moralisch nur noch in der Form der Ehe denkbar[3]. Bei der Herausbildung des Eheschließungsrechts ging es jetzt noch darum, genau zu definieren, wann und unter welchen Voraussetzungen das Vorliegen einer solchen allein zulässigen Verbindung anzunehmen sei. Die Entwicklung zu diesem die zulässige Sexualverbindung eines Paares

---

[1] Die augusteiischen Eheverbote (lex Julia de maritandis ordinibus, 18 v. Chr. und die lex Papia Poppaea, 9 n. Chr.) hatten ein Anwachsen von nichtehelichen Verbindungen zwischen einem Mann und einer Frau zur Folge, die als Konkubinate rechtlich und gesellschaftlich-moralisch anerkannt wurden; in nachklassischer Zeit näherte sich dieses inzwischen auch dauerhaft und monogam angelegte Verhältnis in seinen personalen Auswirkungen zwar der Ehe an, hatte in vermögens- und erbrechtlicher Hinsicht jedoch niemals volle Ehewirkungen (vgl. hierzu im einzelnen Kaser I., 271—274 und 280/281 sowie zur christlich beeinflußten Unterdrückung dieser Verbindungen seit Konstantin II., 125—127).

[2] Hierunter können beispielsweise die Friedelehe und das Kebsverhältnis gezählt werden, die im Unterschied zur Muntehe nicht alle eherechtlichen Wirkungen nach sich zogen und in ihrem rechtlichen Rang als Ehen minderen Rechts oder nichteheliche Verbindungen angesehen wurden (vgl. hierzu HRG „Konkubinat" und „Friedelehe"; Freisen, Canonisches Eherecht, S. 53—58).

[3] Als für diese Entwicklung einflußreich wird allgemein das Schreiben des Papstes Leo I. aus dem Jahr 458 oder 459 an den Bischof Rusticus von Narbonne zitiert, in dem u. a. die Differenzierung zwischen „uxor" und „concubina" sich findet und die Auflösung eines Konkubinats mit einer „ancilla" als Aufbruch zur Ehrenhaftigkeit bezeichnet wird (c11, 12 C32 q2); den Kampf der Kirche gegen die nichtehelichen Lebensgemeinschaften zeichnet Freisen, Canonisches Eherecht, S. 45—71 nach; vgl. hierzu auch Esmein, Le mariage, II, 125—139 und Herrmann, Uneheliche Kinder, S. 49—58.

Wie die ständige Zunahme des Zusammenlebens von Paaren in nichtehelichen Lebensgemeinschaften zeigt, findet in heutiger Zeit ein zu dieser Entwicklung gegenläufiger Prozeß insofern statt, als eine Lebens- und Geschlechtsgemeinschaft eines Paares auch außerhalb der Schranken des formalen Eheschließungsrechts allgemein toleriert und moralisch anerkannt wird. Gleichzeitig wird nach Regelungen gesucht, die eine solche Verbindung auch rechtlich anerkennen und für ihre Folgen juristische Lösungen zur Verfügung stellen. Dabei wird davon ausgegangen, daß diese Lebensform keine Ehe darstellt, eherechtliche Folgewirkungen also nicht ohne weiteres übernommen werden können (vgl. hierzu zuletzt den umfassenden Überblick von Strätz, Rechtsfragen des Konkubinats; zur rechtlichen Behandlung der nichtehelichen Lebensgemeinschaft in der Geschichte (römisches Recht bis 19. Jahrhundert) verschafft Becker, Die nichteheliche Lebensgemeinschaft, eine gute Übersicht.

noch mehr regelnden Recht soll im folgenden anhand der Behandlung des „matrimonium clandestinum" in der kanonistischen Wissenschaft und Praxis nachgezeichnet werden. Dabei enthält die Darstellung keine umfassende entstehungs- oder wirkungsgeschichtlich[4] orientierte Wiedergabe der zu diesem Thema entstandenen Literatur, sondern beschränkt sich auf einen problemorientierten, inhaltlichen Überblick; um ständige Wiederholungen zu vermeiden, soll die sich im Lauf der Jahrhunderte wandelnde Problematik des „matrimonium clandestinum" exemplarisch an einer Auswahl von hierzu jeweils geeigneten Werken und Arbeiten gezeigt werden; die Diskussionen auf dem Tridentinum, die zur Eliminierung der klandestinen Ehe in allen ihren geschichtlichen Erscheinungsformen geführt hatten, sollen diese Problemübersicht abschließend noch einmal verdeutlichen.

Am Anfang der Untersuchung steht die um 1140 als gelehrte Privatarbeit entstandene „Concordia discordantium canonum" Gratians, das sogenannte „Decretum Gratiani". Es stellt die erste umfassende Sammlung kirchenrechtlicher Gesetze und Vorschriften dar, die die kanonistische Wissenschaft einleitet und begründet[5]. Eine positive Definition des Begriffs „matrimonium clandestinum" gibt Gratian nicht. Was er darunter versteht, ist durch negative Abgrenzung zu den anderen Typen von Ehen zu ermitteln. Gratian unterscheidet ein coniugium legitimum, ein coniugium ratum und ein coniugium legitimum *et* ratum[6]. Ein coniugium legitimum liegt dann vor, wenn die Ehe nach den gesetzlichen Vorschriften oder den örtlich geltenden Sitten eingegangen ist[7]. Als Beispiel nennt er hierfür eine Eheschließung, bei der die Gattin von den Eltern übergeben, von dem Verlobten die dos gezahlt und die Einsegnung durch den Priester erfolgt ist. Mitwirkung der Eltern, Zuwendung der dos, Einhaltung der Feierlichkeiten bei der Übergabe und Segnung werden auch an anderer Stelle als Voraussetzung einer legitimen Ehe genannt[8]. Mit dem Begriff „coniugium ratum" kenn-

---

[4] Zu diesen möglichen Periodisierungen für die Kanonistik Nörr, Kanonistische Literatur, in Handbuch I, insbesondere S. 366—368; zur Unterscheidung von Entstehungs- und Wirkungsgeschichte eines Textes Troje, Einfluß des Humanismus, in Handbuch II/1, 635—638.

[5] Zu Gratian siehe oben S. 16 Anm. 3. Zu dem Dekret unter Berücksichtigung insbesondere des eherechtlichen Teils Plöchl, Eherecht, S. 11—30; zum Dekret allgemein Nörr, Corpus iuris canonici, in Handbuch I, 836—839.

[6] c17 C28 q1. Gratian benutzt den Begriff „matrimonium legitimum" oder „iustum" auch verschiedentlich im römisch-rechtlichen Sinn, zum Beispiel in c3 C29 q2; c11 und 12 C32 q2; c15 C32 q4. Hierauf braucht jedoch in diesem Zusammenhang nicht näher eingegangen zu werden, da sich die zitierten Stellen auf Ehen zwischen Personen ungleichen Standes beziehen, die Problematik dort in den Wirkungen einer bewiesenermaßen geschlossenen Ehe und nicht im Eheschluß selbst liegt. Zur Abgrenzung des Tatbestandes einer heimlichen Ehe sind diese Stellen daher nicht relevant.

[7] c17 C28 q1 „... legali institutione vel provinciae moribus contrahitur".

zeichnet Gratian die zwischen Christen geschlossene Ehe. Wird diese unter Beachtung der gesetzlichen Vorschriften und üblichen Sitten geschlossen, ist sie „legitimum et ratum"; die „solo affectu" eingegangene Christenehe ist dagegen nur ein coniugium ratum[9]. Clandestina coniugia, „coniugia que clam contrahuntur"[10], sind demnach Ehen, die ohne Einhaltung der für eine legitime Ehe erforderliche Form geschlossen worden sind; sind die Ehepartner Christen, liegt ein „matrimonium ratum" vor, das unter den anderweitig bestimmten Voraussetzungen auch unauflöslich ist. Die Gültigkeit der allein auf beiderseitigem Willensentschluß beruhenden Eheschließungen zweifelt Gratian nicht an, der Bestand einer Ehe ist unabhängig von ihrer Beweisbarkeit: „et quamvis vera sint, non tamen credenda sunt, nisi que certis indiciis conprobantur, nisi que manifesto iudicio convincuntur, nisi que iudiciario ordine publicantur"[11]. Daraus resultieren aber dann auch die Gefahren und Schwächen der klandestinen Ehen; falls die Ehepartner sie nicht übereinstimmend bestätigen, („nec iubentur dissolui, si utriusque confessione probari poterunt")[12], ist eine nicht öffentlich vollzogene Eheschließung nicht beweisbar; die unsichere Beweismöglichkeit ist für Gratian das ausschlaggebende Kriterium eines matrimonium clandestinum; auch wenn bei der Eheschließung nicht alle nach Gesetz und Sitte geforderten Förmlichkeiten eingehalten worden sind, spricht er, solange eine bestimmte Öffentlichkeit überhaupt gewahrt ist, nicht von einer heimlichen Ehe.

In der wissenschaftlichen Bearbeitung des Dekrets[13] weichen die Überlegungen zum Problem der Klandestinität nur geringfügig von denen Gratians ab[14]. Durchgängig wird in der Frage der öffentlichen Feststellbarkeit das Problem der klandestinen Ehen gesehen und der Begriff „matrimonium clandestinum" auf Ehen, die ohne Förmlichkeiten oder ohne Zeugen geschlossen worden sind, angewandt[15]. Im

---

[8] ebenda und c1 C30 q5.

[9] c17 C28 q1.

[10] c9 C30 q5; siehe hierzu auch die oft besprochene, weil in sich widersprüchliche Stelle c1 C30 q5 „Aliter legitimum" in der Darstellung unten S. 36 und bei Troje, Graeca, S. 205—211.

[11] c9 C30 q5.

[12] c9 C30 q5.

[13] Einen Überblick über die in der Dekretistik entstandene Literatur gibt zuletzt Nörr, Kanonistische Literatur, in Handbuch I, 370—375.

[14] Paucapalea, der erste und bekannteste Schüler Gratians, wiederholt zum Beispiel fast wörtlich die dicta seines Lehrers zu c8 und 9 C30 q5; zu ihm und seinem Werk Schulte, Quellen I, 109.

[15] „Est autem coniugium clandestinum quod occulte sine presentia testium, sine sollempnitate traductionis, benedictionis et velaminis contrahitur" (Rufinus, ed. Singer S. 468). Den Förmlichkeiten bei der Eheschließung kommt entsprechend der Problemerfassung in diesem Zusammenhang offensichtlich keine eigenständige Bedeutung zu, sie werden vielmehr allein als Mittel der Zeugenbeschaffung gesehen.

Unterschied zu Gratian wird für die Beweisbarkeit der heimlich geschlossenen Ehe von Rufinus und Alexander III. nicht mehr allein das Zeugnis der Partner als ausreichend angesehen: „Matrimonia enim clam contracta saepe altero eorum mutante propositum, cum testes inveniri non valeant, separantur“[16], — die Anforderungen an Öffentlichkeit und Beweisbarkeit werden damit also noch erhöht. Die Anerkennung solcher heimlich eingegangener Verbindungen als Ehen steht nach wie vor nicht in Zweifel und war mit der Übernahme der römischrechtlichen Konsenstheorie durch die Gesetzgebung Alexanders III., durch die der interne, rein willensmäßige Vorgang der Eheschließung ausdrücklich betont wurde[17], noch selbstverständlicher geworden. Das in sich widersprüchliche Caput „Aliter legitimum“, in dem für die Eheschließung zunächst die Einhaltung bestimmter Förmlichkeiten zwingend gefordert wird, am Schluß dann in einem Nebensatz aber fast beiläufig erwähnt wird, daß alle genannten Voraussetzungen sich erübrigen und entbehrlich sind, wenn nur der entsprechende Konsens der Partner vorliegt[18], interpretiert Alexander III. zum Beispiel als Warnung vor heimlichen Eheschließungen und als Verbot, solche einzugehen, zweifelt aber nicht an ihrer Gültigkeit als Ehen: „Haec enim capitula ad terrorem dicta creduntur, quibus clandestina coniugia inhiberi videntur, vel potius ad cautelam“[19]; mit Strafen und Sanktionen sollen solche Ehen verhindert werden, — aufgelöst oder für ungültig erklärt werden können sie nach Ansicht dieses Papstes jedoch nicht[20]. Festzuhalten ist, daß in der Dekretistik[21] unter einem matrimonium clandestinum ein Eheschluß verstanden wird, der nicht öffentlich erfolgt war und von dem außer den beteiligten Partnern niemand Kenntnis hatte; das Problem solcher Eheschließungen wird darin gesehen, daß für die soziale Umwelt nicht feststellbar ist, ob die an eine Ehe geknüpften rechtlichen und sonstigen Folgen in einem bestimmten Fall eintreten müssen oder nicht.

---

16 Alexander III. in seinem vor 1148 verfaßten Werk über das Dekret Gratians, Stroma, ed. Thaner S. 151; Rufinus wiederholt diese Stelle wörtlich, ed. Singer, S. 468.

17 Siehe oben S. 31.

18 c1 C30 q5 „Aliter legitimum non fit coniugium, nisi ab his, qui super ipsam feminam dominationem habere uidentur, et a quibus custoditur uxor petatur, et a parentibus propinquioribus sponsetur, ... (es folgen eine Reihe von Handlungen). Ita peracta legitima scitote esse conubia; aliter uero presumpta non coniugia, sed adulteria, uel contubernia, uel stupra aut fornicationes potius, quam legitima coniugia esse non dubitate, nisi uoluntas propria suffragauerit, et uota succurerint legitima“.

19 Hierzu ed. Thaner, S. 151.

20 Hierzu Dauvillier, Le mariage, S. 49/50; Keßler, Entwicklung der Formvorschriften, S. 33—42.

21 Vgl. hierzu im einzelnen die ausgezeichnete, sorgfältige Zusammenstellung bei Keßler, Entwicklung der Formvorschriften, S. 20—30.

Auch in den monographischen Abhandlungen der Dekretalisten finden sich zum matrimonium clandestinum noch keine wesentlich anderen Einschätzungen[22]. Bernardus Papiensis[23] befaßt sich in seinem für die Kanonistik sehr einflußreichen Werk an zwei Stellen mit der eherechtlichen Materie; außer der „Summa de matrimonio"[24] behandelt das vierte Buch seiner „Summa decretalium"[25] das Eherecht. In dem erstgenannten Werk geht Bernardus auf das Problem der Klandestinität nicht ein. Er betont zwar, daß die Ehe allein durch übereinstimmenden Konsens der Partner und auch unabhängig vom Einhalten der üblichen Förmlichkeiten zustandekommt[26], behandelt aber nicht die sich hieraus ergebenden Komplikationen unbeweisbarer Eheschließungen[27]. In der „Summa decretalium" handelt dagegen ein ganzer Titel des vierten Buches von der „clandestina desponsatio"[28]. Bernardus unterscheidet in Übereinstimmung mit der bisherigen wissenschaftlichen Tradition zwei Arten klandestiner Vermählungen: solche, die ohne Feierlichkeiten („quae solemnitatibus caret") und solche, die ohne Zeugen („quae testibus caret") geschlossen worden sind[29]. An der Gültigkeit dieser Eheschließungen zweifelt er nicht. Was ihn interessiert und er im folgenden erörtert, ist die Frage ihrer Beweisbarkeit. Auch Bernardus behandelt, wie Gratian und die Dekretisten, das Problem der Klandestinität nicht als Rechtsproblem sondern als Tatsachenproblem; es geht allein um die Frage, ob die im übrigen gültige Ehe beweisbar ist oder nicht[30]. Er arbeitet von daher auch mit Akribie die an die Beweisführung zu stellenden Anforderungen heraus: wie ist zu entscheiden, wenn beide Partner sich zum Eheschluß bekennen; wie wenn einer diesen leugnet; welche Rolle spielt dann die „publica fama"? Im Zusammenhang mit der Glaubwürdigkeit der sich widersprechenden Ehepartner kommt noch eine kurze Bemerkung zur Inferiorität der Frau: „Si iuramentum fuerit deferendum, potius viro quam mulieri deferatur, ... nec mirum, cum vir sit dignior muliere, et dignioribus ac honestioribus magis in

---

[22] Im einzelnen zu dessen Behandlung im Dekretalenrecht siehe wieder die Darstellung bei Keßler, Entwicklung der Formvorschriften, S. 31—46.

[23] Biographische Nachweise über ihn oben S. 17 Anm. 7.

[24] Entstanden im letzten Drittel des 12. Jahrhunderts, hierzu Freisen, Canonisches Eherecht, S. 21.

[25] Schulte bezeichnet dieses zwischen 1191 und 1198 entstandene Werk als sein Hauptwerk (Quellen I, 180).

[26] ed. Kunstmann, S. 223, 250.

[27] Die „Summa" beschäftigt sich im übrigen mit den 14 Ehehindernissen, „quae non solum matrimonium contrahendum impediunt, verum etiam contractum dirimunt" (ed. Kunstmann, S. 223).

[28] ed. Laspeyres, S. 141—144.

[29] ed. Laspeyres, S. 141, § 1.

[30] Es geht also beispielsweise nicht darum, sie als Sondertatbestand, etwa als Konkubinat, anzuerkennen.

iudicio credatur ..."[31]. Ebenso allein unter beweisrechtlichen Gesichtspunkten widmet Bernardus der Frage „an clandestina praeiudicet manifestae" Raum[32]. Insgesamt also nimmt auch Bernardus die Begriffsbestimmung der heimlichen Ehe negativ vor: eine „desponsatio clandestina" ist jede Eheschließung, die nicht sicher bewiesen werden kann; der einzelne Sachverhalt, der diese Unbeweisbarkeit herbeiführt, ist für die Abgrenzung einer klandestinen von einer manifesten Ehe nicht relevant. Ob die sichere Beweisbarkeit des Eheschlusses durch Zeugen oder öffentliche Feierlichkeiten gegeben ist, bleibt letztlich gleichgültig. Das erklärt auch, weshalb Bernardus dem der Feierlichkeiten ermangelnden Eheschluß, den er doch zunächst als eine der zwei möglichen Arten klandestiner Ehen erwähnt, keine eigene Bedeutung mehr zumessen muß und diesen in der Diskussion beiseiteschieben kann: „De illa clandestina, quae sollemnitatibus caret, illud notandum, quod illae sollemnitates de honestate sunt potius, quam de necessitate ... Ceterum de hac clandestina nihil ad praesens; de illa vero clandestina, quae testibus caret, agitur in titulo isto ..."[33]; die Feierlichkeiten haben eben keinen Eigenwert, sondern dienen lediglich der Zeugenbeschaffung[34].

Über den Umgang mit dem matrimonium clandestinum in der juristischen Praxis gibt ein Werk von Bonaguida Aretinus Auskunft. Bonaguida war in Arezzo Richter und Professor des kanonischen Rechts, zeitweise auch Advokat der päpstlichen Kurie unter Papst Innozenz IV.[35]. Seine „Summa introductoria super officio advocationis in foro ecclesiae", vermutlich vollendet 1249, ist ein Handbuch für die forensische Tätigkeit von Advokaten[36]. In diesem in fünf Teile gegliederten Werk liefert Bonaguida den Advokaten über allgemeine Verhaltensvorschriften hinaus[37] für die verschiedensten Prozeßstadien und Verfahrenssituationen genaue Vorschläge und Muster für Schriftsätze und das juristische Vorgehen. Der im Vergleich zu den übrigen Titeln dieses Teils relativ umfangreiche Titel 7 des zweiten Teils enthält Klageentwürfe aus dem eherechtlichen Gebiet: „De formatione libellorum super sponsalibus vel matrimonio et impedementis eorum"[38].

---

[31] ed. Laspeyres, S. 142, § 2.

[32] ed. Laspeyres, S. 142/143, § 3.

[33] ed. Laspeyres, S. 141, § 1.

[34] Vgl. hierzu schon oben S. 35 Anm. 15.

[35] Biographische Nachweise bei Schulte, Quellen II, 109 und Wunderlich in den Prolegomena zur „Summa".

[36] ed. Wunderlich in „Anecdota"; als Entstehungszeit gibt Schulte das Jahr 1263 an (Quellen II, 109), Nörr (Kanonistische Literatur, in Handbuch I, 391) und Wunderlich (a.a.O.) das Jahr 1249.

[37] Diese finden sich im ersten Teil, der „De moribus, de exordiis und de cautelis advocatorum" handelt.

[38] ed. Wunderlich, S. 188—200.

Etwa die Hälfte dieser Klageentwürfe betreffen Probleme einer unbeweisbaren Eheschließung. Das Problem der Klandestinität findet sich hier anschaulich an ganz konkreten Beispielen aufgezeigt; eine allgemeine Definition des matrimonium clandestinum gibt Bonaguida nicht. Die dargestellten Sachverhalte, für die die verschiedenen Klagemöglichkeiten entworfen werden, enthalten jedoch einhellig Komplikationen beweisrechtlicher Art, — für die Praxis scheint das Problem heimlicher Eheschließungen zu dieser Zeit also noch das gleiche wie für die Dekretisten und Dekretalisten gewesen zu sein. Doch zu den Fällen: da will eine Frau einen Mann auf Führung der Ehe verklagen, mit dem sie durch die entsprechenden Worte kontrahiert hat und dann sexuell zusammen war[39]; eine andere klagt auf Einhaltung des ihr gegebenen Eheversprechens, — hat der Mann inzwischen eine andere Frau geheiratet, was, wie es heißt „de facto occurit saepius", muß die Klage gleichzeitig noch auf die Ungültigkeit dieser zweiten Ehe gerichtet sein[40]. Auch die Klagemöglichkeit für den umgekehrten Fall wird aufgezeigt: hier möchte die zweite Frau die Trennung von ihrem Mann erreichen, der noch durch die erste Ehe gebunden ist[41]. Die Unterlassungsklage eines Mannes, der durch die Behauptung einer Frau, mit ihm verheiratet zu sein, belästigt wird, beschließt die Thematik der klandestinen Ehen[42]. Insgesamt ist die Darstellung Bonaguidas ganz an den Bedürfnissen der Praxis orientiert; es geht ihm bei dem Problem der Klandestinität nicht um Wahrheitsfindung und -erforschung oder um eine moralisch-theologische oder wie auch immer geartete Begründung von bestimmten, die Ehe betreffenden Gerechtigkeitsvorstellungen, sondern um die Durchsetzung von Mandanteninteressen. Deutlich tritt die Anwaltstätigkeit vor Augen, innerhalb derer Begründungszusammenhänge gehandhabt werden, um zu einem bestimmten rechtlichen Ergebnis zu kommen. Dem entspricht das methodische Vorgehen Bonaguidas; nach einer einleitenden kurzen Umreißung des Sachverhalts unter der Fragestellung „wer will was von wem und aus welchem tatsächlichen Grund oder auf Grund welchen Vorfalls", folgt das Antragsmuster, das sich der genauen juristischen termini technici bedient. Zur Abstützung der Richtigkeit des vorgeschlagenen Entwurfs folgen abschließend noch Literaturangaben „haec forma petendi probatur...". Aus der Schrift Bonaguidas wird klar, daß die aus nicht beweisbaren, heimlichen Eheschließungen entstehenden Schwierigkeiten zur Mitte des

[39] ed. Wunderlich, S. 188.

[40] ed. Wunderlich, S. 189.

[41] ed. Wunderlich, S. 192.

[42] Es folgen noch Klageentwürfe zur Erreichung der Eheauflösung wegen des Vorliegens eines Ehehindernisses, sexueller Schwierigkeiten oder Ehebruchs der Frau; die Klage einer Frau auf Rückgabe der dos nach nicht erfolgter Eheschließung beschließt den Titel (ed. Wunderlich, S. 194—200).

13. Jahrhunderts beträchtlich und weit verbreitet waren und zu den täglichen Problemen eines Anwalts gehörten. Interessant ist die Problemerfassung und -darstellung Bonaguidas insbesondere auch deshalb, weil die Erweiterung, die der Begriff des „matrimonium clandestinum" seit dem Laterankonzil von 1215 erfahren hat, für die Praxis offensichtlich keine Rolle spielt und sich in den Klageentwürfen des Formularbuches nicht wiederfindet.

Nicht das Fehlen von Zeugen und die daraus resultierende Gefahr der Unbeweisbarkeit eines Eheschlusses, sondern das Fehlen der kirchlichen Trauung ist nämlich nach einer auf diesem Konzil getroffenen Bestimmung Papst Innozenz' III. ausschlaggebendes Kriterium für das Vorliegen eines matrimonium clandestinum. Unter Buß- und Strafandrohungen werden als klandestine Eheschließungen diejenigen untersagt, die ohne vorherige kirchenöffentliche Ankündigung mit Fristsetzung für die Feststellung von etwaigen Ehehindernissen erfolgt sind: „statuimus, ut, quum matrimonia fuerint contrahenda, in ecclesiis per presbyteros publice proponantur, competenti termino praefinito, ut infra illum, qui voluerit et valuerit, legitimum impedimentum opponat, et ipsi presbyteri nihilominus investigent, utrum aliquod impedimentum obsistat"[43]. Priestern und Mönchen wird ausdrücklich verboten, derartigen Eheschließungen beizuwohnen: „... clandestina coniugia penitus inhibemus, prohibentes etiam, ne quis sacerdos talibus interesse praesumat"[44]. Das Motiv für das Verbot der so definierten heimlichen Ehen ist erkennbar; nachdem das Eheverbot bezüglich der letzten drei bisher erfaßten Verwandtschaftsgrade (5. bis 7. Grad) aufgehoben worden ist, soll die Durchsetzung der verbliebenen garantiert werden: „Quum inhibitio copulae coniugalis sit in ultimis tribus gradibus revocata, eam in aliis volumus districte servari"[45]. Um die eherechtlichen Normen faktisch durchsetzbar zu machen, muß zumindest die Möglichkeit ihrer Einhaltung denkbar erscheinen, — andernfalls verlieren sie von vornherein jede Glaubwürdigkeit und Verbindlichkeit. Durch den Abbau einiger bisher vorgesehener Hindernisse für die Eingehung einer Ehe wird nun eine solche einhaltbare Normierung geschaffen.

Hier zeigt sich auch der Zusammenhang der Definition der klandestinen Ehe des Laterankonzils mit der bisher seit Gratian vertretenen Auffassung. Der Versuch der spezifischen Erfassung sozialer Wirklichkeit durch bestimmte Rechtsnormen, — Verrechtlichung —, verlangt klare Abgrenzungen und Typisierungen, oder anders ausgedrückt, rechtlichen Beurteilungen und Qualifizierungen müssen klare Beschreibun-

---

[43] X 4, 3, 3.
[44] X 4, 3, 3.
[45] X 4, 3, 3.

gen der jeweils erfaßten sozialen Tatbestände vorausgehen. Für die rechtliche Einordnung des allein erlaubten ehelichen Zusammenlebens eines Paares muß daher ein feststellbarer und einhaltbarer Tatbestand geschaffen werden, an welchen die entsprechenden Folgen geknüpft werden konnten. Neben der öffentlichen Dokumentation für die soziale Umwelt (Beweisbarkeit durch Anwesenheit Dritter beim Eheschluß) wurden also Voraussetzungen geschaffen, die einhaltbar (Reduzierung der Ehehindernisse) und kontrollierbar (vorherige Feststellung durch kirchliches Aufgebot) waren. Konkret für das erlaubte Zusammenleben eines Paares bedeutete die Erstreckung des Begriffs der heimlichen Ehe auf den weiteren, beziehungsweise anderen Tatbestand einer ohne kirchliches Aufgebot, wenn sonst auch öffentlich und beweisbar erfolgten Eheschließung eine größere Eingrenzung und Einengung; die Herstellung von Verbindlichkeit sollte nicht mehr nur an eine beliebig auswählbare Öffentlichkeit, sondern an vorherbestimmte, formelle Erfordernisse gebunden sein[46].

Die insbesondere von reformatorischer Seite aufgegriffene Anwendung des Begriffs „matrimonium clandestinum“ auf einen dritten Sachverhalt, — auf Ehen, die ohne Zustimmung der familienrechtlichen Gewalthaber geschlossen worden sind, soll zunächst in Bezug auf ihren Stellenwert innerhalb des beschriebenen Verrechtlichungsprozesses betrachtet werden. Infolge ihres Jurisdiktionsanspruchs über die eherechtliche Materie war für die Kirche die Normierung der Eheschließung konsequent nur unter ihrer Kontrolle und Garantie denkbar; die Forderung nach gerade einer *kirchen*öffentlichen Vermählungszeremonie ist daher auch unter dem Aspekt des Regelungsmonopols der Kirche

---

[46] Den Bedeutungswandel des Begriffs „matrimonium clandestinum“ andeutende oder erklärende Erörterungen finden sich in der kanonistischen Wissenschaft der damaligen Zeit nicht. Auch die zwischen 1210 und 1213 entstandene umfassende Darstellung des geltenden Eherechts von Tancred (biographische Angaben über ihn oben S. 17 Anm. 6) die „Summa de matrimonio“, enthält hierzu nichts. Tancred betont an verschiedenen Stellen zwar die Unabhängigkeit der Eheschließung von äußeren Solemnitäten und stellt allein auf den Konsens der Nupturienten ab: „Sequitur videre, qualiter contrahatur matrimonium. Et dicendum est, quod solo consensu“ (Titel 8, ed. Wunderlich, S. 12; vgl. auch Titel 14, S. 16); das hieraus resultierende Problem der Klandestinität behandelt er jedoch nicht. Der diesbezügliche Titel 9 ist nicht von Tancred verfaßt, sondern später hinzugefügt worden und enthält fast wörtlich die zitierte Bestimmung des Laterankonzils (X 4, 3, 3); dieser Titel „De forma, qua est contrahendum matrimonium, et poenae transgredientum“ ist auch in der Ausgabe „Coloniae 1563“ noch nicht enthalten, bei Wunderlich ist er abgedruckt auf den S. 12/13 (zur Hinzufügung Wunderlich, S. VII/VIII).

Der Dominikaner Raymund von Pennaforte (etwa 1185—1275) hat den „Liber de matrimonio“ Tancreds nach 1234 überarbeitet und als 4. Buch seiner „Summa de casibus poenitentiae“ eingefügt (Kuttner, Repertorium, S. 445); auch in diesem wichtigen Werk der Literatur zum forum internum finden sich also keine weiteren Überlegungen zum Problem der Klandestinität (zu diesem Werk Bergfeld, Moraltheologie, in Handbuch II/1, 1002).

über den Bestand der Ehe von Bedeutung. Die nicht-öffentlichen, unbeweisbaren Eheschließungen hatten jedoch auch auf dem der weltlichen Obrigkeit unterliegenden ehelichen Vermögensrecht zu Schwierigkeiten geführt; infolge der auftretenden unklärbaren Unterhalts- und Erbfragen war auch die weltliche Gesetzgebung gegen solche Eheschließungen vorgegangen. Die von ihr geforderte Zustimmung der Eltern ist nun eine der möglichen weltlichen Öffentlichkeitsformen, die von ihr kontrolliert werden konnte[47]. Die Forderung der Reformatoren nach Zustimmung der Eltern zur Eheschließung ihrer Kinder wird unter diesem Aspekt der Herstellung einer weltlichen Sippenöffentlichkeit statt der päpstlichen Kirchenöffentlichkeit verständlich und ist eine konsequente Folge der grundsätzlichen Leugnung der päpstlichen Regelungskompetenz in Ehesachen.

Darüber hinaus ist das Problem der Klandestinität bei Luther und den Reformatoren auch im Zusammenhang mit ihrer Autoritätslehre zu verstehen. Bei Luther[48] fielen die Forderungen nach Elternkonsens und Öffentlichkeit insofern zusammen, als er als Öffentlichkeit *nur* noch die der familienrechtlichen Gewalthaber anerkannte: „... heisse ich das heimliche verlobnis, das da geschicht hinder wissen und willen der ihenigen, so die uberhand haben, und die ehe zu stiften recht und macht haben, als vater, mutter und was an yhrer stat sein mag. Denn ob gleich tausent zeugen bei eim heimlich Verlöbnis weren, so es doch hinder wissen und willen der Eltern geschehe, sollen sie alle tausent nur fur einen mund gerechnet sein“[49]. Die Öffentlichkeit der Eheschließung wird zwar nach wie vor noch gefordert, „weil die ehe ein offentlicher stand ist, ... ist‘s billich das er auch offentlicher weise gestifft und angefangen werde mit zeugen, die solchs beweisen konnen“[50], über die Rechtsfolgen bei ihrem Fehlen finden sich allerdings keine Angaben mehr; die elterliche Einwilligung wird dagegen zur Gültigkeitsvoraussetzung einer Ehe erhoben[51]. Diese Reduzierung des Problems der

---

[47] Für Spanien findet sich über die Gesetzgebung der weltlichen Obrigkeit gegen die heimlichen Ehen für das 13. Jahrhundert eine Übersicht bei Wahl, Stellung der Spanier, S. 15—17. In Deutschland wurde zum Beispiel im Freiburger Stadtrecht zur Eheschließung die Anwesenheit zweier Zeugen, nicht aber die Einhaltung kirchlicher Zeremonien gefordert (Quellen I, 276 III, 2, 4).

[48] In dieser eherechtlichen Frage überein stimmen die übrigen evangelischen Theologen der Reformationszeit (Nachweise im einzelnen bei Dieterich, Protestantisches Eherecht, S. 75 ff., insbesondere S. 94); zu den Differenzierungen in der schwerpunktmäßigen Bearbeitung bei den evangelischen Juristen dieser Zeit ebenso Dieterich a.a.O., S. 109 ff., insbesondere S. 123.

[49] Von Ehesachen 1530, WA 30 III, 207.

[50] Von Ehesachen 1530, WA 30 III, 207.

[51] Zu dem hier hergestellten Zusammenhang zwischen Öffentlichkeit und Elternkonsens siehe auch die Darstellung von Michaelis, Eherechtliche Auffassung, S. 50 ff.

Klandestinität auf den Elternkonsens bei Luther wird auf dem Hintergrund seines allgemeinen Autoritätsbegriffs begreifbar. Aus der radikalen Verdorbenheit der menschlichen Natur, die allein durch Macht und Gewalt gebändigt werden kann, leitet die reformatorische Lehre die Notwendigkeit eines absoluten Herrschaftsrechts der Obrigkeit über ihre Untertanen her. Die böse Natur des Menschen erfordert seine völlige Unterwerfung im äußeren weltlichen Bereich unter die jeweils bestehende Autorität; dieser äußeren Unfreiheit gegenüber steht die innere Freiheit des christlichen Menschen, auf die das äußere Unterdrückungs- und Ordnungssystem, in das er hineingestellt ist, keinen Einfluß hat. Die weltlichen Autoritäten hat Gott selbst eingesetzt, vor ihm allein müssen diese sich daher auch verantworten; den ihnen unterworfenen Menschen steht es hingegen nicht zu, über sie zu urteilen und zu richten. Aufruhr und Auflehnung gegen die weltliche Obrigkeit bedeuten vielmehr Auflehnung gegen die gottgewollte Ordnung und sind für den Christen eine „grössere Sünde denn Todtschlag"[52]. Vor diesem Hintergrund gewinnt der Kampf Luthers gegen die klandestinen Ehen eine über das Eherecht hinausragende Bedeutung; es geht hierbei offensichtlich um die Sicherung des elterlichen Herrschaftsbereichs als Teil der allgemeinen politischen Über- und Unterordnungsverhältnisse: Kinder, die ohne Zustimmung ihrer Eltern eine Ehe eingehen, handeln auf Grund einer ihnen nicht zugestandenen Autorität, verstoßen gegen die ihnen auferlegte Gehorsamspflicht und setzen sich über das elterliche Autoritätsverhältnis, das Teil der bestehenden, von Gott eingesetzten Ordnung ist, hinweg, — die reformatorische Eheschließungslehre bietet somit in diesem Punkt ein gutes Beispiel für den Zusammenhang der Reglementierung erlaubter Sexualbeziehungen mit den allgemein politischen Herrschaftsverhältnissen.

2.6. Die Diskussion über das matrimonium clandestinum auf dem Tridentinum

Die Diskussionen, die auf dem Konzil von Trient zum Problem der Klandestinität geführt worden sind[1], bezogen sich auf alle drei genannten Sachverhalte eines matrimonium clandestinum.

---

[52] Zitiert nach Marcuse, Autorität und Familie, S. 147. Den Zusammenhang der lutherischen Lehre von der Teilung des menschlichen Erfahrungsbereichs in einen innerlich/christlichen, in dem absolute Freiheit und einen äußerlich/weltlichen, in dem Unfreiheit herrscht, mit den den Absolutismus rechtfertigenden Theorien insbesondere Machiavellis und Hobbes, zeigt Borkenau auf; er spricht von der „Übertragung des bei Macchiavell bloß als praktische Maxime vorhandenen moralischen Pessimismus auf das religiöse Gebiet", die die Souveränität der Obrigkeit mit dem gleichzeitigen Fehlen einer natürlichen Moral in Verbindung bringt (Übergang, S. 104).

[1] Dabei deutet schon der äußere Verlauf auf die Schwierigkeit des Themas hin: die Beratungen hierüber begannen im April 1547 in Bologna (CT VI, 92)

Ein vierter noch diskutierter Sachverhalt betrifft Ehen, „quae fiunt absque publicis proclamationibus“[2] und weist damit wiederum vor allem auf die Problematik der Beweisbarkeit hin; gegenüber den ohne Zeugen geschlossenen Ehen kommt diesem Sachverhalt eine eigenständige Bedeutung daher nicht zu. Im übrigen wird in den Diskussionsbeiträgen ausdrücklich nur in einigen Ausnahmefällen klargestellt, auf welche Art der klandestinen Ehen Bezug genommen wird[3], in der Regel ist dies allein dem Begründungszusammenhang der Erörterung zu entnehmen[4]. Daß sich die Beratungen am häufigsten auf den Tatbestand einer ohne elterliche Einwilligung vorgenommenen Eheschließung bezogen und damit vor allem der lutherische Klandestinitätsbegriff diskutiert wurde, erstaunt auf diesem Konzil der Gegenreformation nicht[5].

Über die Notwendigkeit der Eliminierung aller Arten klandestiner Ehen besteht Einigkeit und eindeutiges Selbstverständnis[6]; in der im November 1547 als Beratungsgrundlage zusammengestellten Aufzählung der „abusus circa sacramentum matrimonii“ werden als erste von sechs Mißbräuchen, „ante alios“, die klandestinen Ehen genannt und zur Begründung auf die hieraus hervorgehenden „et plura et maiora scandala et pericula“[7] verwiesen. Die Begründungsformel „propter

---

und wurden schon im Dezember desselben Jahres unterbrochen (CT VI, 655—656). Erst im Februar 1563, nach der Rückverlegung des Konzils nach Trient, wurden sie wiederaufgenommen (CT VIII, 379), nachdem im März 1562 die entsprechenden Fragen zwar aufgegriffen, aber nicht erörtert worden waren; nach wiederum langwierigen Debatten fanden sie am 11. 11. 1563 dann ihren Abschluß in dem Dekretum Tametsi.

[2] CT IX, 384 (Salmeron).

[3] Ein Beispiel ist der Beitrag des Jesuiten Jaius, der zu Beginn der eherechtlichen Erörterungen 1547 in Bologna ohne Kirchenöffentlichkeit, ohne übliche Förmlichkeiten und ohne Zeugen geschlossene Ehen als klandestine bezeichnet (CT VI, 117); ebenso definiert der Jesuit Salmeron 1563 in Trient (CT IX, 384), während Johannes del Gado in der gleichen Sitzung die ohne elterliche Einwilligung erfolgte Eheschließung nennt (CT IX, 401—402).

[4] Die Argumentation mit späteren Beweisschwierigkeiten bezieht sich zum Beispiel offensichtlich auf den Fall der Eheeingehung ohne Zeugen oder ohne die üblichen Förmlichkeiten (CT VI, 421; CT VI, 115; CT IX, 401/402).

[5] Konkret wurde dabei das Lutherzitat von der Gültigkeitsvoraussetzung des Elternkonsenses zur Eheschließung „sciant parentes sibi ius esse matrimonia filiorum irrita faciendi“ (CT VI, 92) immer wieder Anknüpfungspunkt der Erörterungen.

[6] Dieses scheint die rechtshistorische Literatur Ende des 19./Anfang des 20. Jahrhunderts noch zu teilen; es finden sich hier nur pauschale Hinweise auf die sich aus den klandestinen Ehen ergebenden „Gefahren und Übelstände, die offen am Tage lagen“ (Fleiner, Ehevorschrift, S. 2), auf die „Mißstände und sozialen Schäden“ (von Hörmann, Trauungsform, S. 9) oder auf „die vielen sittlichen und socialen Übel“ (Leinz, Ehevorschrift, S. 10), die aus ihnen resultierten, ohne daß ausgeführt würde, wie sich diese Übel denn gesellschaftlich äußerten.

[7] CT VI, 619—621.

multa scandala" taucht auch weiterhin während der Beratungen durchgängig und fast stereotyp auf[8].

Konkret zählt einmal der Kardinal von Lothringen einzelne Nachteile und Mißstände auf, die aus den klandestinen Ehen resultieren; der erste Punkt weist dabei offensichtlich auf die Möglichkeit von nicht im Familieninteresse stehenden Eheschließungen hin: „lites et discordia oriuntur, perpetuum enim odium ex his in familiis excitatur"[9]; Unklarheiten in ehegüter- und erbrechtlicher Sicht werden aufgezeigt: „nulla certa dos constituitur" und „legitimi filii privantur haereditate"[10]; um die Eingrenzung von Sexualbeziehungen geht es bei dem Hinweis auf die Gefahr gleichzeitiger oder zeitlich aufeinanderfolgender Polygamie infolge der nicht eindeutig festlegbaren Zuordnung eines Paares[11] und dem Hinweis auf die Möglichkeit von Inzestheiraten.

Daß das Interesse von weltlicher und kirchlicher Seite an fest geregelten, eingegrenzten Sexualbeziehungen innerhalb eines geordneten Eheschließungswesens gleichermaßen groß war, zeigt der politische Druck, der von den Vertretern der weltlichen Mächte auf die Konzilsteilnehmer zur Ergreifung geeigneter Maßnahmen ausgeübt wurde: „quo vero ad decretum de clandestinis... oratores autem principum optabant petebantque ut dicta matrimonia clandestina irritarentur"[12] oder „ut clandestina penitus irritentur et eliminentur... et quod hoc petunt reges et principes"[13] sind hiervon zeugende Beispiele, die in die Konzilsakten aufgenommen worden sind.

Die sozioökonomischen und -psychologischen Ursachen, die gerade zu dieser Zeit die Einführung eines festen Eheschließungsrechts so dringend notwendig erscheinen ließen, können im Rahmen dieser Arbeit nicht analysiert werden. Allgemein zu sehen ist diese Rechtsentwicklung vor dem Hintergrund der im 16. Jahrhundert infolge der sich rasch entwickelnden Handels- und Wirtschaftsbeziehungen immer stärker und intensiver werdenden Verflechtungszusammenhänge auch anonymer Menschen zueinander. Allein durch die öffentliche und

---

[8] Zum Beispiel bei Mylensis Ferrettus CT VI, 425, Upsalensis CT VI, 433. Vigorniensis CT VI, 632.

[9] Er tut dies zu Beginn der Diskussionen im Jahr 1563 (CT IX, 642).

[10] Letzteres soll manchmal sogar dazu führen, daß Kinder von ihren Eltern getötet werden.

[11] „Tales enim cum nullos habeant testes matrimonii contracti, pro libito possunt separari" oder „haec est causa adulterii, sicut in Abimelech cum Sara quam nesciebat esse uxorem Abrahae".

[12] Notiz des Konzilssekretärs in CT IX, 680.

[13] Verdunensis CT IX, 709; vgl. auch das Schreiben Karls V. vom 5. 3. 1552, in dem er auf die baldige Vornahme der Verhandlungen über die Ehe drängt, CT IX, 839 (hierzu auch Wahl, Stellung der Spanier, S. 23 und Jedin, Konzil, IV/2, 105.

grundsätzlich unlösbare Zuordnung eines Paares zueinander konnte die wirtschaftliche Verantwortlichkeit füreinander und für die aus der Verbindung entspringenden Kinder eindeutig festgeschrieben werden. Juristisch bedeutete dies, daß festgestellt werden mußte, auf Grund welchen Tatbestandes die dies regelnden eherechtlichen Folgewirkungen verbindlich für die Beteiligten und die Umwelt eintreten sollten.

Zunächst war eine der Überlegungen, die Unsicherheiten, die hierüber bei den klandestin zustandegekommenen Ehen entstehen konnten, qua Definition aufzuheben, — matrimonia clandestina also gar nicht mehr als Ehen anzusehen[14]. Dieser Lösungsversuch wurde wegen seiner Unvereinbarkeit mit dem kanonischen Eheschließungsgrundsatz „sufficiat solus secundum leges consensus eorum de quorum quarumque coniunctionibus agitur“[15] verworfen; die Unantastbarkeit dieses Konsensprinzips wurde dabei mit Autoritätsbeweisen begründet. Päpstliche Äußerungen[16], Konzilsbeschlüsse[17], die Bibel[18], allgemein das kanonische[19] oder von Gott eingesetzte[20] Recht wurden herangezogen für die Richtigkeit der Ansicht, daß Ehen allein durch den hierauf gerichteten Willen der Partner, der bei einer heimlichen Eheschließung ja vorliegt, zustandekommen. Auch das Caput „Aliter legitimum“[21] des Papstes Evaristus wird in diesem Zusammenhang natürlich wieder diskutiert und entsprechend seiner widersprechenden und sich gegenseitig aufhebenden Aussagen über die zur Eheschließung wesentlichen Erfordernisse verschieden interpretiert; daß auch hieraus hervorgeht, daß allein der Konsens für die Eheschließung wesentliches und bestimmendes Moment ist, wird folgendermaßen hergeleitet: „licet in principio videatur contraria dicere, tamen in fine concludit, quod sola voluntas coniugium facit matrimonium; alia autem, quae ponuntur in illo capite sunt ceremonialia non essentialia ad matrimonium“[22].

---

[14] Gemacht wurde dieser Vorschlag zu Beginn der eherechtlichen Diskussionen 1547 von Venusinus (CT VI, 425—426), Aciensis de Nobilibus (CT VI, 420), Bellicastrensis (CT VI, 427).

[15] Vgl. hierzu oben S. 29.

[16] Del Monte (CT VI, 55) und Claudius Jaius (CT VI, 116—117) zitieren beispielsweise Alexander III. (X 4, 3, 2), Alyphanus (CT VI, 427), Innozenz III. (X 1, 21, 5); auf die genannten Stellen wird auch in der Zusammenstellung CT VI, 407—408 verwiesen. Die Äußerung Nikolaus I. wird zum Beispiel in der Zusammenstellung CT VI, 407—409 genannt.

[17] Zum Beispiel Ricardus Oenomanus „primus articulus falsus est, damnatus in conciliis Lateranensi et Arelatensi“ (CT VI, 101).

[18] Zum Beispiel Britonoriensis (CT VI, 474).

[19] Zum Beispiel Sebastiensis (CT VI, 427 und 627).

[20] Lucerinus (CT IX, 660—661) „mutuus consensus constituit essentiam matrimonii, et hoc non habet ab hominibus sed a Deo“.

[21] c1 C30 q5; siehe oben S. 36 Anm. 18.

Damit war klargestellt, daß auch die klandestinen Ehen als wahre und gültige Ehen zu gelten hatten[23]; „matrimonia clandestina sunt rata et valida“[24], „illa matrimonia habent omnia quae ad matrimonium requiruntur“[25], — diese Ansicht wurde zum Ausgangspunkt der weiteren Beratungen. Es ging jetzt darum, wie diese Art von Verbindungen, die als Ehen anerkannt werden mußten, aus der unsicheren Grauzone ihres Bestehens herausgeholt und als öffentliche soziale Sachverhalte eingegrenzt und festgelegt werden konnten.

Die Sanktionen, mit denen in den vergangenen Jahrhunderten die klandestinen Ehen belegt worden waren, hatten diesen keinen Einhalt bieten können. Von der Kirche waren beispielsweise den Partnern selbst Geldstrafen und Exkommunikation, den mitwirkenden Geistlichen zeitweise Suspendierung von ihrem Amt angedroht worden, von den weltlichen Mächten wurde in der Eheschließung ohne elterliche Einwilligung in der Regel ein Grund für die Enterbung oder Verweigerung der Ausstattung bei der Heirat gesehen[26]. Doch konnten alle Verbote und Maßregeln zur Verhinderung klandestiner Ehen solange keinen durchgreifenden Erfolg haben, als selbst im Fall des Zuwiderhandelns die Anerkennung der Verbindung als Ehe nicht in Zweifel stand.

Das einzig sichere Mittel, den heimlichen Abschluß von Ehen zu verhindern, war, die so zustandegekommenen Verbindungen nicht mehr als Ehen anzuerkennen und die Gültigkeit einer Ehe von der Einhaltung bestimmter, öffentlicher Formen bei ihrem Abschluß abhängig zu machen. Dies bedeutete jedoch ein Außerkraftsetzen des Konsensprinzips: nicht mehr allein der Wille der Nupturienten sollte für das Zustandekommen einer ehelichen Verbindung konstitutiv sein, sondern es sollten dafür darüber hinaus noch bestimmte Förmlichkeiten erforderlich sein.

An der Veränderbarkeit des von Gott eingesetzten, von Naturrecht und Tradition bestätigten Rechts der Eheeingehung entzündete sich

---

[22] Materanus (CT VI, 419—420); ebenso die Interpretation von Vorstius (CT VI, 421) und Feltrensis (CT VI, 427).

[23] Zur weiteren Beweisführung, daß sie zugleich auch Sakrament waren, siehe die Wiedergabe bei Lettmann, Diskussion, S. 59—74.

[24] Alyphanus CT VI, 470—471.

[25] Gaspar de Valentia CT VI, 112; ähnlich formulierten Lavellinus „cum essentialia matrimonii in eis sint vera sunt matrimonia (CT VI, 426) oder Aquinas „cum matrimonia clandestina habent omnia, quae ad essentiam matrimonii requiruntur“ (CT VI, 426) und viele andere.

[26] Nachweise für diese Sanktionen finden sich in den Quellen des 16. Jahrhunderts beispielsweise in der Nürnberger Reformation von 1479 im 12. Titel, 2. Gesetz (Quellen I 1, 7), in der Wormser Reformation von 1498 im 5. Buch, 5. Teil (Quellen I 1, 215), in der Bayrischen Landrechtsreform von 1518 im 49. Titel, 4. Artikel (Quellen II, 56). Weitere Quellenhinweise finden sich für

dann auch im folgenden der Streit; mit kirchlicher, menschlicher Rechtssetzung in das Sakrament der Ehe einzugreifen und Hindernisse für dessen Eingehung zu schaffen, die nicht schon nach den göttlichen Geboten selbst bestehen, erschien zunächst undenkbar[27]: nach der geltenden Glaubensüberzeugung hat Christus selbst die Ehe als Gnadenmittel eingesetzt und läßt sie in ihrer Sakramentalität in dem Augenblick entstehen, in dem der hierauf gerichtete Konsens der Nupturienten vorliegt[28]. Wenn also auf Grund göttlichen Rechts das Sakrament allein mit der Erklärung des Ehewillens entsteht und alle äußeren Förmlichkeiten und Zeremonien hierfür unwesentlich sind, dann darf dieses Sakrament nicht durch menschliche Gesetze nachträglich von anderen, zusätzlichen Bedingungen abhängig gemacht werden. Vom Glaubensstandpunkt her erschien die Aufstellung von Eheschließungsvoraussetzungen daher zunächst als ungeheuerliche Anmaßung.

Hinzu kamen machtpolitische Überlegungen. Für die Kirche war ein wesentliches und ausschlaggebendes Moment zur Erlangung ihrer Regelungskompetenz über die eherechtliche Materie die Erklärung der Ehe zum unantastbaren Sakrament gewesen[29]; der jetzt für notwendig gehaltene Rechtssetzungsakt bedeutete in gewissem Sinn eine Relativierung und Entheiligung dieser Institution; war die absolute Unantastbarkeit der Ehe einmal durch die Kirche selbst in Frage gestellt, war es nicht ausgeschlossen, daß auch von weltlicher Seite aus unter Berufung auf dieses Beispiel der Kirche Eingriffsbefugnisse angemeldet und die reformatorischen Angriffe auf das kirchliche Eherechtsmonopol unterstützt würden. Die Angst vor Unglaubwürdigkeit und Machtverlust infolge Veränderungen des bisher als unantastbar geltenden Rechts kommt in den Redebeiträgen zweier Konzilsteilnehmer, die sich gegen die Einführung einer Formvorschrift wandten, deutlich zum Ausdruck; „nam ex huiusmodi decreto fiet magna mutatio et pertu-

---

Spanien bei Wahl, Stellung, S. 14—18, für Italien, Holland und Polen bei Friedberg, Eheschließung, S. 103—105; für andere deutsche Städte siehe noch Stobbe V, 336 Anm. 17.

Dieckhoff, Kirchliche Trauung, S. 171 weist die kirchlichen Sanktionen des 4. Laterankonzils und der folgenden Provinzialkonzilien nach.

27 „Cum non possit tollere id, quod iure divino conceditur, nempe ut liber consensus" (Niverniensis CT VI, 633); „quod videtur esse contra libertatem matrimonii et contra sacros canones Patrum et conciliorum" (Fesulanus CT VI, 625); „quia esset contra ius divinum" (Aprutinus CT VI, 634); „clandestina enim matrimonia rata et vera sunt et a nulla humana potestate irritari possunt" (Alatrinus CT VI, 653). Die Beispiele solcher Einwände lassen sich beliebig fortsetzen.

28 Während bis zum Beginn des 13. Jahrhunderts die Sakramentalität der Ehe an die Kopula gebunden worden war, hatte sich von diesem Zeitpunkt an die beschriebene Auffassung durchgesetzt, daß nämlich Ehe *und* Sakrament durch den Ehekonsens existent werden (vgl. zu dieser Entwicklung Portmann, Wesen, S. 94—129).

29 Siehe oben S. 16.

batio iuris canonici. Novitates enim semper sunt periculosae et suspectae"[30], — wird hier der Machtgewinn der Kirche durch Gewährleistung der Kontinuität der Verhältnisse allgemein angesprochen, bezieht sich der andere Beitrag direkt auf den ungebrochen zu garantierenden Bestand der Sakramente: „nam, si matrimonia clandestina ab Ecclesia nunc irritentur, statim dicent: Videte qualia sint sacramenta Papistorum; quod per 1563 annos fuit apud ipsos sacramentum nunc non est amplius sacramentum"[31]. Die Sakramentsnatur der Ehe, die im Hinblick auf die reformatorischen Angriffe zu Beginn der eherechtlichen Verhandlungen noch einmal feierlich bestätigt worden war[32], durfte bei der Regelung der Eheschließung daher schon aus machtpolitischen Gründen nicht tangiert werden.

Aber auch aus religiösen Gründen mußte die Befugnis der Kirche, ein Sakrament einer Form zu unterwerfen, die nicht von Christus selbst vorgeschrieben war, so konstruiert werden, daß diese nicht als Eingriff in die von ihm selbst geregelte Materie erschien. Die Dringlichkeit und Notwendigkeit der Einführung einer Formvorschrift bei der Eheschließung, von der alle Konzilsteilnehmer ausgingen, führten in dieser Schwierigkeit zu folgenden Lösungsvorschlägen.

Als eine Möglichkeit wurde in Betracht gezogen, die Regelung nicht an dem Bestand der Ehe als solcher festzumachen, sondern an den Eigenschaften der daran beteiligten Partnern: „ut forma (des die Formerfordernisse aufstellenden, Anm. d. V.) decreti potius sit contra personas quam contra matrimonia iam facta scil. ut personae fiant inhabiles"[33]. Die einzuführenden Formerfordernisse machen nach dieser Konstruktion bei ihrem Fehlen also nicht die Ehe direkt ungültig, sondern wirken lediglich auf die entferntere Materie der Personen und führen deren Unfähigkeit zum gültigen Abschluß einer Ehe herbei: „... debere illegitimari non contractum sed personas"[34] oder „ea (matrimonia clandestina) tamen omnino tollere ecclesia non potest; potest autem illegitimare personas taliter contrahentes"[35].

Eine grundsätzlich andere Möglichkeit, der Kirche die Einführung von Eheschließungsformen zu ermöglichen, bestand in der Zerlegung des Ehesakramentes in Form und Materie; die Differenzierung in forma oder modus und materia sacramenti eröffnet für die Kirche eine Ge-

---

[30] Nemausiensis CT IX, 726.

[31] Archiepiscopus Rossanensis CT IX, 651.

[32] „In Ecclesia Dei esse nec plura nec pauciora quam septem Sacramenta, et matrimonium esse unum ex istis" (CT IX, 995, hier zitiert nach Gomes, De matrimoniis, S. 18).

[33] Aquilegiensis CT IX, 643.

[34] Euticius Cassinensis CT IX, 678.

[35] Bonaventura Pius CT VI, 654.

staltungsmöglichkeit über die Ehe insofern, als davon ausgegangen wird, daß Christus nur die Substanz des Sakramentes gestiftet und eingesetzt hat, nicht aber dessen äußere Zeichen, die vertragliche Ausgestaltung. Allein dieser Aspekt des Ehesakramentes würde jedoch durch die Einführung einer verbindlichen Eheschließungsform berührt: „non enim tangimus sacramentum, sed pactum"[36], „ecclesiam irritando materiam matrimonii, non irritare materiam quatenus materiam Sacramenti, sed ut materiam contractus"[37]. In dieser Konstruktion bleibt das Sakrament selbst unangetastet, der menschliche Gesetzgebungseingriff bedeutet keineswegs eine Korrektur des von Christus festgesetzten Symbols, sondern fällt in den der Kirche von Christus übertragenen Bereich der Verwaltung der Sakramente in ihren äußeren Zeremonien und Förmlichkeiten. Über diese gedanklich-begriffliche Differenzierung kann bei der Einführung von zur Gültigkeit der Ehe verpflichtenden Formerfordernissen der Eingriff in die Sakramentalität der Ehe umgangen werden; Regelungsmaterie ist ein sozialer Sachverhalt, ein Vertrag, den die Kirche modifizieren kann, ohne in göttliches Recht und ein von Gott eingesetztes Institut einzugreifen[38]. Im Ergebnis wurde über diese Zerlegung des Ehevertrages in eine sakramentale, unantastbare Materie und eine äußere, regelbare Form die Möglichkeit der Einführung von Eheschließungsvoraussetzungen angenommen[39].

Die Überlegung, daß es außerhalb der feststehenden und menschlichen Gesetzen nicht mehr unterworfenen göttlichen Materie im Eherecht noch einen Bereich gab, der menschlichen Regelungen offenstand, war für die Kirche Voraussetzung, ihre Rechtssetzungsbefugnis in diesem Punkt anzunehmen; aus gesellschaftlichen, politischen Notwendigkeiten heraus definierte sie einen bestimmten Bereich des Ehesakramentes als nicht-göttlich und schuf sich über diese Definition sozusagen die Eingriffsvoraussetzungen für eine eigenständige, rechtspolitischen Ansprüchen folgende Gesetzgebung.

---

[36] Bracarensis CT IX, 650.

[37] Lancianensis CT IX, 651.

[38] „Ex quo in eis adest pactio, et ratione pactionis non dubitat ecclesiam posse irritare" (Jadrensis CT IX, 645); „ecclesia potest irritare omnes contractus" (Auriensis CT IX, 663).

[39] Auch die Konzilsteilnehmer, die dazu tendierten, der Kirche eine Regelungsgewalt über das Ehesakrament zuzusprechen, wichen der Feststellung aus, daß es sich hierbei um einen Eingriff in eine göttlich geregelte Materie handelte. Der in diesem Punkt am weitestgehende Beitrag von Justinopolitanus (CT IX, 706) spricht der Kirche eine autonome Rechtssetzungsbefugnis über das Ehesakrament zu und begründet dies damit, daß Christus die Ausgestaltung dieses Sakramentes der Form *und* der Materie nach der Kirche überlassen habe, — ein Eingriff in die göttliche Regelungsmaterie wird also auch hier nicht angenommen „quod Christus reliquit ecclesiae potestatem instituendi materiam et formam huius sacramenti".

Damit deuten sich auch schon die Folgen an, die die Einführung von formalen Eheschließungsvoraussetzungen auf dem Tridentinum für das eherechtliche Regelungsmonopol der Kirche hatte. Hatte sie ihre Gesetzgebungsbefugnis über die Eheschließungsform gegenüber dem göttlichen Recht nur durch das Herausarbeiten der gesellschaftlichen, äußeren Elemente des Ehevertrages und durch Verlagerung der anstehenden Regelung in den weltlichen, sozialen Bereich begründen können, war sie damit dann doch gleichzeitig und notwendig in Konkurrenz zu den Gesetzgebungsansprüchen der weltlichen Mächte getreten, denen grundsätzlich die Regelung äußerer Angelegenheiten zustand. Gegenüber diesen berief sich die Kirche nun auf ihre Funktion als Hüterin und Lenkerin des christlichen Gemeinwesens: „quia cum homo sit animal politicum et rei publicae pars, omnes illius actiones... possunt dirigi in publicum bonum ab iis, qui curam gerunt rerum publicarum, ... matrimonium igitur, ut est contractus civilis, subiacet civili potestati, ut vero est contractus christianorum... subiacet ecclesiasticae potestati“[40]; den Vorrang der kirchlichen Regelungsbefugnis leitet sie aus dem ihr von Christus selbst übertragenen Auftrag her: „Christus enim omnem potestatem habuit, inquiens ‚data mihi est omnis potestas‘ quam ecclesiae reliquit“[41] und drängt damit die Entscheidungen der weltlichen Ordnungsmächte über den von ihr beanspruchten Bereich des vinculum matrimonii wieder zurück: „paganus princeps potest rescindere contractus matrimoniales, a fortiori ecclesiae“[42]. Die weltlichen Ordnungsmächte, die in den folgenden Jahrhunderten die Regelungskompetenz über die Ehegesetzgebung beanspruchten, stützten sich im Grunde auf die hier von der Kirche selbst angelegte Argumentation des sozialen Bezuges der Ehe. Die Einführung einer zur Gültigkeit der Ehe verpflichtenden Form auf dem Tridentinum kann unter diesem Gesichtspunkt als wichtiger Schritt auf dem Weg zur Entwicklung einer staatlichen Ehegesetzgebung gesehen werden[43].

Auf dem Konzil selbst findet sich in den Kernsätzen des die Diskussion um die klandestinen Ehen abschließenden „Caput Tametsi“ des Dekrets „De reformatione matrimonii“ die gesamte Problematik und Schwierigkeit dieses Rechtssetzungsaktes noch einmal angedeutet: Die einleitende Feststellung, daß allein der liber consensus konstitutiv für die Ehe ist, hat zur Folge, daß die bisher klandestin geschlossenen Ehen auch weiterhin als gültige Ehen anerkannt werden; lediglich für die

---

[40] Mendoza CT II, 689.

[41] De Bellosillo CT IX, 403.

[42] Bracarensis CT IX, 650; ähnlich Metensis CT IX, 662; Legionensis CT IX, 665; Clodiensis CT IX, 704.

[43] Vgl. hierzu noch näher Schwab, Grundlagen, S. 63 ff.

Zukunft soll der Konsens zur Eheeingehung nicht mehr ausreichen, und es sollen nur noch solche Verbindungen als Ehen gelten, die vor dem zuständigen Pfarrer, — oder einem von ihm bevollmächtigten Vertreter, — und mindestens zwei Zeugen eingegangen sind: „Tametsi dubitandum non est, clandestina matrimonia, libero contrahentium consensu facta, rata et vera esse matrimonia, quamdiu ecclesia ea irrita non fecit, et proinde iure damnandi sint illi, et eos sancta synodus anathemate damnat, qui ea vera et rata esse negant quique falso affirmant, matrimonia, a filiis familias sine consensu parentum contracta, irrita esse, et parentes ea rata vel irrita facere posse: nihilominus sancta Dei ecclesia ex iustissimis causis illa semper detestata est atque prohibuit... Qui aliter, quam praesente parocho vel alio sacerdote, de ipsius parochi seu ordinarii licentia, et duobus vel tribus testibus matrimonium contrahere attentabunt: eos sancta synodus ad sic contrahendum omnino inhabiles reddit, et huiusmodi contractus irritos facit et annullat...“[44]. In Kraft tritt diese Eheschließungsvorschrift dreißig Tage nach ihrer öffentlichen Verkündung in den einzelnen Pfarreien[45].

Das Problem der matrimonia clandestina ist damit zunächst gedanklich und theoretisch gelöst, — praktisch allerdings erst insofern, als nur in den katholischen Pfarreien, in denen das Caput „Tametsi“ verkündet worden war, die Eingehung von Ehen an die genannten Förmlichkeiten gebunden war[46].

Mit der gewählten Form ist die Eheschließung zugleich auch allein dem römisch-katholischen Herrschafts- und Machtbereich zugeordnet und das auf dem vierten Laterankonzil ausgesprochene Verbot der Laientrauung praktisch durchsetzbar gemacht worden; als Garant der Eheeingehung und Träger der Öffentlichkeit hat der weltliche Rechtskreis für die katholischen Christen zunächst völlig seine Bedeutung verloren.

---

[44] CT IX, 968—969. Das Caput enthält außerdem noch, allerdings nicht zwingende, Regelungen zur Vorbereitung der Eheleute auf die Ehe, zum Aufgebot (denunciationes), zur Zuständigkeit des Pfarrers und dessen Pflicht, Bücher zu führen sowie Strafbestimmungen für den Fall der Übertretung der Formvorschriften.

[45] „Decernit insuper, ut huiusmodi decretum in unaquaque parochia suum robur post triginta dies habere incipiat, a die primae publicationis in eadem parochia factae numerandos“ (CT IX, 969).

[46] Da die Verkündung des Dekrets von der persönlichen Einstellung der Bischöfe und den politischen Verhältnissen in den einzelnen Bistümern abhängig war und auch auf protestantischer Seite kein einheitliches Eherecht geschaffen wurde, kam in Deutschland lange Zeit völlig verschiedenes Eherecht zur Anwendung, und auch klandestine Eheschließungen waren noch möglich; hierzu vgl. Fleiner, Ehevorschrift; I. Schwarz, Bedeutung der Sippe, S. 12—14 und Nörr, Kirchliche Gesetzgebung, in Handbuch II 2, 1088/1089.

2.7. Der konkrete Verlauf des Verfahrens

Im Jahr 1550, als Jölin den Prozeß gegen Susanna anstrengte, konnte er sich noch auf die klandestin erfolgte Eheschließung berufen. Der geschilderte Hintergrund zeigt jedoch seine schwierige, fast aussichtslose Ausgangslage; die Eheschließung, auf die er sich berief und aus der er seine Ansprüche herleitete, mußte nach geltendem Recht zwar formal noch anerkannt werden, über ihre Unerwünschtheit bestand jedoch kein Zweifel. Zu seiner gesellschaftlich unterlegenen Position kam also hinzu, daß er sich juristisch auf einen Anspruch stützte, der auf einen allgemein mißbilligten Sachverhalt gestützt war.

Auf diesen Schwierigkeiten Jölins scheinen auch Amerbachs Überlegungen zum Prozeßrisiko aufzubauen; obliegt die Beweislast für das Bestehen einer klandestinen Ehe ohnehin der klageerhebenden Partei, — „pro clandestino matrimonio non praesumitur, sed illud alleganti incumbit onus probandi“[1] — sieht Amerbach zudem in der konkreten Fallkonstellation einen Grund, verschärfte Anforderungen an die Beweisführung zu stellen. In einem Brief an Kempf schreibt er hierzu: „... vt, si is (der Kläger, Anm. d. V.) nihil probet, rea simpliciter absolvatur; ... maxime si vilis persona et pauper puellam honesto loco natam et divitem petat in uxorem. Den so causa matrimonialis indiscrete solt fauorabilis geachtet werden, wurdt einem yeden hergeloffnen buben vrsach gegeben, einem eeren vnd richen man sin dochter zu beschissen ... vnd einem biderman sin fleisch vnd blud abschelmett, welches wider gott, alle recht vnd billikeitt ist“[2]. Doch auch abgesehen von diesen erschwerenden Umständen bestand für Jölin prozessual die Situation, die einzelnen vorgetragenen Klagepositionen entweder durch ein Geständnis von Susanna oder andere Mittel beweisen zu müssen[3].

Vom Prozeßverlauf her mußte nun zunächst die beklagte Susanna zu den in der Klage vorgebrachten Behauptungen gehört werden[4]. Hier beginnt zwischen den Parteien als erstes ein Streit und eine Auseinandersetzung über die Bestimmung des Vernehmungsortes. Jölin besteht darauf, daß Susanna „zuo Zell aput judicem“ examiniert wird. Nach der Vermutung von Ambrosius Kempf kommt es ihm dabei auf eine Gegenüberstellung mit ihm an: „dan alle sin sach setzt er, da sy zuo gegen sig, wiss er, sy werd jm nit leicknen“[5]. Amerbach dagegen

[1] X 4, 3, 1; vgl. hierzu auch Esmein, Le mariage, I, 214.

[2] Nr. 3250.

[3] Vgl. zur confessio des Beklagten und zum Beweisverfahren auch Budischin, Zivilprozeß, S. 177 ff. und 183 ff.

[4] Zum Verlauf des kanonischen Prozesses allgemein Plöchl, Geschichte II, 313; konkret zum anhängigen Verfahren vgl. den Brief Stamlers an Amerbach, Nr. 3285.

[5] Nr. 3246.

möchte auf jeden Fall erreichen, daß Susanna „durch den commissary zu Friburg“ vernommen wird[6].

Grundsätzlich konnte der Offizial des bischöflichen Gerichts innerhalb der ihm zustehenden Prozeßführung die Vornahme bestimmter Prozeßhandlungen und insbesondere die Vernehmung von Zeugen und Parteien delegieren[7]; die im Bistum Konstanz mit diesen Aufgaben betrauten, an verschiedenen zentralgelegenen Orten vom Bischof eingesetzten Generalkommissare hatten von ihren Untersuchungen und Befragungen in diesen Fällen ein Protokoll anzufertigen und dieses dann dem Gericht zur weiteren Verhandlung und Entscheidung zu übersenden[8].

Amerbach meint nun zwar, daß sich Susanna in ihrer Aussage so sicher ist, daß sie diese auch während einer Gegenüberstellung mit Jölin durchhalten kann, — „das er aber so vil sez vff Svsann gegenwurtikeitt, als werdt sy im nitt leignen, ist lufft, fictitium“[9], doch ist ihm die Entscheidung des Offizials in diesem Punkt so wichtig, weil sie seiner Einschätzung nach ein Indiz für den weiteren Prozeßverlauf ist; sollte schon diesem Antrag Jölins stattgegeben werden, „so hetten wir die sach schon verloren“[10]. Er läßt über Stamler sieben Gründe darlegen, die für eine Vernehmung Susannas in Freiburg, also ihrem derzeitigen Wohnort sprechen[11] und erreicht schließlich in diesem Punkt eine positive Entscheidung; Susanna wird am 22. April 1550 durch den Freiburger Kommissar Joseph Röhr, der dazu sogar ins Kloster gekommen war, verhört[12]; ihre Aussage wird von einem Notar protokolliert und dem entscheidenden Richter in Radolfzell zugeschickt[13]. Sie hat bei dieser Vernehmung den Anspruch Jölins zurückgewiesen und die in der Klage vorgebrachten Behauptungen bestritten[14].

---

[6] An Kempf, Nr. 3250.

[7] Gottlob, Die Offiziale, S. 47/48.

[8] Zur Tätigkeit und Ausbildung der bischöflichen Kommissare, von denen im Bistum Konstanz viele öffentliche Notare waren, siehe Schuler, Notariat, S. 200/201.

[9] An Kempf, Nr. 3250.

[10] An Kempf, Nr. 3250.

[11] Diese sind in der Amerbachkorrespondenz nicht wiedergegeben (siehe Nr. 3250 Anm. 4), für den Prozeßverlauf jedoch auch nicht weiter wichtig.

[12] Dies geht aus einem späteren Brief von Amerbach an Kempf hervor (Nr. 3300).

[13] Dieses Vorgehen entsprach den Bestimmungen der von Bischof Marquard erlassenen, oben S. 23 Anm. 21 schon erwähnten Gerichts- und Kanzleiordnung.

[14] Das Protokoll ihrer Aussage ist nicht ediert, hat der Verf. jedoch in Fotokopie vorgelegen; es enthält über die von Amerbach in seiner Darstellung (Nr. 3248 Anm. 2) wiedergegebene Zusammenfassung hinaus nichts entscheidendes.

Im weiteren Gang des Prozesses müssen die Beteiligten daher mit der Eröffnung des Beweisverfahrens rechnen[15]; hierzu schreibt der Prokurator Johann Stamler an Amerbach: „... der doctor Wurm vnd jch Erwarten, wann dominus Officialis ain decret oder jnterlocutorj super deductionibus actoris et responsionibus ree geben ...“ und spielt damit auf den das Beweisverfahren eröffnenden, den terminus ad probandum bestimmenden Zwischenbescheid an[16]. Als Beweismittel hatte Jölin einen ihm von Susanna geschriebenen Brief (Punkt 6 der Klage) sowie die Zeugen Maternus Ketler, dessen Frau, Valerius Wurtzengarter und Johannis Graffen (Punkt 5, 6, 7 und 11), genannt. Als Zeuge in Ehesachen konnte grundsätzlich jeder zugelassen werden, „das bishar in esachen der bruch gsin sye, fründ und mag, ouch jederman ze hören, nieman usgenommen ... weder vater noch muter, ouch kein magschaft oder sipschaft ze kuntschaft sind untougenlich geschetzt oder verachtet ...“[17]; das Bestehen verwandtschaftlicher Beziehungen zu den Parteien[18] oder die Tatsache, daß eine Frau als Zeugin benannt worden war, wurde erst bei der Würdigung der Zuverlässigkeit und Glaubwürdigkeit der Aussagen berücksichtigt[19]. Auch der von Jölin zitierte Brief war ein zulässiges Beweismittel[20], so daß eine Beweisaufnahme hätte erfolgen können.

Amerbach hatte sich hierauf schon seit Beginn des Prozesses eingerichtet und bereits im März 1550, noch bevor er konkret Jölins Klage und Beweisantritt kannte, in Neuenburg bei Hans Schirin und Hans Jakob David Erkundigungen über mögliche Beweise und Gegenbeweise für Jölins Behauptungen eingezogen. Ein Heiratsantrag, den Jölin, nach Aussagen von Susannas Mutter und der betreffenden Frau Annely selbst[21], letzterer im Herbst und Winter 1549 gemacht hatte, soll

---

[15] Der Grundsatz der kanonischen Prozeßrechtslehre, daß vom Beklagten nicht zugestandene Positionen bewiesen werden müssen, findet sich beispielsweise bei Tancred: „... quoniam ei incumbit probatio, qui dicit, non qui negat ...“ („De iudiciorum ordine“ 3, 5 p. 215).

[16] Nr. 3285; Plöchl, Geschichte II, 314.

[17] Aus den Protokollen des Zürcher Ehegerichts, hier zitiert nach Köhler, Zürcher Ehegericht, S. 49 Anm. 4. Der genannte Brauch kann sich nur am Konsistorium in Konstanz entwickelt haben. Vgl. auch allgemein Plöchl, Geschichte II, 320.

[18] Die Frau des Maternus Ketler war mit Susannas Mutter verwandt, Nr. 3320 Anm. 3.

[19] Zur Beweiskraft von Aussagen von Frauen siehe als Beispiel der von Köhler, Zürcher Ehegericht, S. 51 zitierte Wortwechsel eines Paares: „Man glaubt mir e denn dir, eim man e denn einer frawen. Da sprach sy: man gloubt mir alswol als dir“; vgl. aber auch Bernardus Papiensis, oben S. 37. Zur Beweiskraft von Aussagen von Verwandten Plöchl, Geschichte II, 341; Budischin, Zivilprozeß, S. 234.

[20] Gottlob, Die Offiziale, S. 52; Budischin, Zivilprozeß, S. 187.

[21] Annely ist eine nichteheliche Tochter von Josen Fuchs, dem 1531 ge-

den behaupteten Eheschluß mit Susanna von vornherein unglaubwürdig erscheinen lassen „so Svsann schon ettwas zugesagt, wie hett er mitt ires bruders dochter die Ee beziechen können, cum duas uxores eodem tempore habere non liceat“[22]. Auch Zeugen kann Jölin nach Einschätzung von der hierüber befragten Mutter Susannas nicht beibringen. Zwei Verwandte[23] hätten zwar gehört, wie Susanna Jölin wegen seines Weggehens aus Neuenburg Vorwürfe gemacht habe, „aber das ettwas gedocht syg der ee halb oder eis dem anderen zu gesejtt hab die ee, das hab iren keins gehertt, vnd so sy schon dor vmb exeminiert sollten werden, wissen sy nit anders zu sagen“[24]. Andere Zeugen kämen nicht in Betracht: „Sust wissen wir niemans, vff den er kundschaff fassen kentte“[25]. Von dem von Jölin dann auch als Beweis in das Verfahren eingeführten Brief[26] hat Amerbach Ende Februar 1550 bereits Kenntnis gehabt. Der Brief ist seiner Meinung nach jedoch ungefährlich; Susanna spräche hierin zwar von ihrer Schwangerschaft und gäbe damit indirekt den Geschlechtsverkehr mit Jölin zu, — jedoch „belangt (dieser Brief, Anm. d. V.) die ee nicht“, denn „nuptias non concubitus facit ... sed consensus“[27].

All diese beweisrechtlichen Vorüberlegungen haben sich im Ergebnis jedoch erübrigt, — ohne Beweisaufnahme wurde Susanna am 8. Juli 1550 nach etwa 4monatiger Verfahrensdauer „ab impetitione matrimoniali ipsivs actoris absoluirt“ und für „fry vnd ledig“ erkannt[28]. Gemessen an der Mühe und Arbeit und den finanziellen Aufwendungen, die in den Prozeß investiert worden waren, muß die Erleichterung im Hause Amerbach / Fuchs über diesen Prozeßausgang groß gewesen

---

storbenen Bruder von Amerbachs Frau Martha, also ein Stiefbruder Susannas und Stiefsohn ihrer Mutter (Nr. 3254 Anm. 2 und Nr. 3283).

[22] Amerbach in seiner Darstellung Nr. 3248 Anm. 2; Stamler gegenüber führt Amerbach hierzu aus: „vm welche Anna vergangnen herpst vnd wynther gemelter actor geworben vnd Svsane reae muter, das man jms zu der Ee geben well, offtermol gebeten, auch gemelter Anna darumb nochgeloffen vnd vnderstanden, sy zu bereden etc., wie das gemelter reae muter, auch gemelte Anna, anzeigen; ...“ (Nr. 3283). Von diesem Heiratsantrag ist auch in einem Briefwechsel zwischen Amerbach und Schirin die Rede (Nr. 3254 und 3257).

[23] Gemeint ist das von Jölin auch benannte Ehepaar Ketler.

[24] Diese Auskunft gibt Schirin an Amerbach weiter (Nr. 3257).

[25] Nr. 3257. Siehe hierzu auch David an Amerbach, Nr. 3258.

[26] Vgl. Punkt 6 der Klage, oben S. 27.

[27] An Kempf, Nr. 3250 Anm. 3.

[28] Zitate aus Nr. 3311. Daß das Beweisverfahren wider Erwarten (vgl. Stamler vor Nr. 3268, Löw Nr. 3306) nicht durchgeführt wurde, kann aus den Mitteilungen über den gewonnenen Prozeß geschlossen werden, die nichts über Zeugenvernehmungen etc. enthalten (Advokat Wurm zum Beispiel hätte seinem Auftraggeber sicherlich über die zusätzliche Arbeit berichtet, er teilt jedoch lediglich mit, daß der Offizial Susanna „von des clegers clag mit recht ledig ertzellt“ hat (Nr. 3306).

sein. Das Urteil selbst ist nicht mehr auffindbar[29] und wird auch inhaltlich in den erhaltenen Briefen nicht kommentiert.

Viele Hinweise finden sich dagegen noch zur Kostenverteilung. In der Regel hatte die unterlegene Partei die Kosten des Verfahrens zu tragen und auch dem Gegner die entstandenen Kosten zu ersetzen[30]. Hier wird die unterschiedliche Vermögenslage den Richter vielleicht bewogen haben, von dieser umfassenden Kostenerstattungspflicht Jölins abzusehen[31]. Im Ergebnis nicht mehr zu ermitteln ist, wer die Gerichtskosten getragen hat[32]; die Kosten für die von ihm in Anspruch genommenen Personen hat Amerbach jedenfalls selbst übernommen und höchstwahrscheinlich auch unabhängig von der richterlichen Kostenentscheidung. Viele seiner Briefe enthalten nämlich schon während des Prozesses Nachrichten über die Übermittlung von Geld an den Advokaten, die Prokuratoren, den Insiegler und den Notar[33], sowie auch immer wieder die ausdrückliche Aufforderung an Stamler, die Bezahlung in seinem Namen und auf seine Rechnung großzügig vorzunehmen: „so ettwas in consistorio vsszegeben, wellen ir das vssgeben vnd verzeichnen. Es soll euch erberlich wider vssgericht vnd bzalt werden, auch, was yeder zyt consuetudo erfordert, (nichts vnderlossen), darmitt nichts negligirt werd vnd nichts vnderlossen, vnd mich, so von nöten, by eigner bottschafft lossen wissen, darmitt nichts versumpt werdt“[34]. Die abschließende Bezahlung der genannten Personen regelt Amerbach in dem Brief, in dem er sich bei dem Advokaten Wurm für die Nachricht von dem klageabweisenden Urteil bedankt[35]. Zu den

[29] Es findet sich weder in der Amerbachkorrespondenz noch in den Akten des Offizialats des Bistum Konstanz, die im erzbischöflichen Archiv Freiburg aufbewahrt werden; der hier interessierende, das Jahr 1550 umfassende Band ist verloren gegangen.

[30] X 5, 37, 4; Gottlob, Die Offiziale, S. 53; Budischin, Zivilprozeß, S. 261—265.

[31] Beispiele für Kostenerlasse aus diesem Grund bei Köhler, Zürcher Ehegericht I, 70.

[32] Diese betrugen für eine ehegerichtliche Verhandlung um das Jahr 1525 üblicherweise 10 Kreuzer pro Partei, konnten nach den Umständen des Falles aber höher oder niedriger sein (Köhler, Zürcher Ehegericht I, 68).

[33] Der Insiegler erhielt in der Hauptsache zwar ein festes Gehalt aus den Gerichtsgebühren (Gottlob, Die Offiziale, S. 98; Trusen, Die gelehrte Gerichtsbarkeit, Handbuch I, 476), dies schloß aber offensichtlich eine zusätzliche Bezahlung durch die Parteien nicht aus. Die Honorarforderungen der Notare waren oft festgelegt oder wurden zumindest von den Offizialen überwacht (Trusen, Die gelehrte Gerichtsbarkeit, Handbuch I, S. 479).

[34] Dies schreibt er zum Beispiel zu Beginn des Prozesses an Stamler, Nr. 3255. Siehe auch die Instruktion an Stamler betreffend die Bezahlung des die Vernehmung Susannas protokollierenden Notars, Nr. 3268.

[35] Nr. 3306 Anm. 3; Wurm berichtet von der Erledigung dieses Auftrages in Nr. 3314. Im Vergleich zu seiner sonstigen Sparsamkeit in Gelddingen, wie sie A. Hartmann in „Familiäres“ S. 48 schildert, zeigt sein Finanzverhalten hier, daß er eine gute Bezahlung der am Prozeß mitwirkenden Personen für dessen Verlauf für wichtig erachtete.

Ausgaben für die Interessenvertreter und das Gerichtspersonal kommen noch die für die die Briefe übermittelnden eigenen, also vom Absender beauftragten, Boten hinzu[36]. Deren Bezahlung hat Amerbach jeweils bei ihrer Ankunft entsprechend den im Brief enthaltenen Instruktionen des Absenders übernommen: „Hab jnn gedingt, also das E. Er. jm geben sölle XX batzen vnd dartzu ain suppen vnd trunk etc.“[37], schreibt zum Beispiel Stamler einmal.

Da Jölin gegen das Urteil keine Berufung einlegte[38], war mit der Ausgleichung aller dieser Kosten der Eheprozeß beendet.

Ob Susannas ablehnende Haltung den Heiratsansprüchen Jölins gegenüber von Familieninteressen und der gesellschaftlichen Forderung nach Unterordnung der Ehe unter ständische Interessen bestimmt war, oder ob sie auch selbst kein Interesse mehr an der Verbindung zu Jölin hatte, läßt sich nicht feststellen. Ihre Familie hatte jedenfalls erfolgreich eine finanziell und wirtschaftlich ungünstige Verbindung eines ihrer Mitglieder verhindern können. Daß die Heiraten der einzelnen Familienmitglieder grundsätzlich mit Rücksicht auf den Status und die Machtposition des Familienverbandes zu erfolgen hatten, war hier eine Selbstverständlichkeit. Bonifacius Amerbachs Schwester war beispielsweise enterbt worden, als sie einen der Familie nicht genehmen Mann heiratete[39], und auch Susanna betreffend hatte Amerbach schon im Sommer 1549 mit Peter Neser über einen in Betracht kommenden Ehepartner korrespondiert[40]. Über diesen Christoph Graf erhielt er dann von seinem in Freiburg ansässigen Verwandten Klaus Harnester[41] folgenden positiven Bescheid: „Er ist ouch kien spiller noch trynсker noch schwerer. Der jung gefelt myr so wol, wan jch ein erwaschne dochter hett vnd er mych drum bett, jch wett jms alss baldt genn alss kiem jungen jn Fryburg“[42].

[36] Durch solche eigenen Boten wurden während des Prozesses dringliche, wichtige Briefe übermittelt, vgl. Stamler vor Nr. 3268 oder Wurm, Nr. 3306 Anm. 3.

[37] Vor Nr. 3268; siehe auch Wurm: „... das man ainem botten hie ze lannd gibt von ainer mylen wegs vj crutzer ...“ (Nr. 3295 Anm. 2).

[38] Zuständig wäre hierfür der Erzbischof in Mainz gewesen (Köhler, Zürcher Ehegericht I, 66; Trusen, Gelehrte Gerichtsbarkeit, Handbuch I, 474).

[39] Burckhardt-Biedermann, Hans Amerbach, S. 102—105.

[40] Nr. 3170.

[41] Biographische Nachweise vor Nr. 2390.

[42] Es folgen noch Bemerkungen zum Reichtum des Vaters, Nr. 3171. In dem Zusammenhang „Heirat als Familienangelegenheit“ ist auch ein Brief von Johann Ulrich Zasius an Amerbach interessant, aus dem hervorgeht, daß sich dieser ½ Jahr lang erfolgreich gegen Heiratswünsche seines Mäzens Panngartner wehrt: „sunt enim multa, quae me ad tale matrimonium invitarent, nisi tam pulchra nunc et honorifica manendi in aula suppeditaretur occasio“ (Nr. 2913). Ähnlich wurde auch Amerbach selbst von dem Vater des genannten Ulrich Zasius, zur Heirat gedrängt, vgl. Nr. 966 und 983. Heiratspläne für Alban Fuchs finden sich in Nr. 3397.

Aber all diese Heiratspläne für Susanna erübrigten sich schließlich infolge der weitreichenden Konsequenzen, die ihre Verbindung zu Jölin hatte, — war diese doch in gewissem Sinn Ausgangspunkt für ihren Klostereintritt, den sie gegen den Willen ihrer Familie vollzog. Auf den Werdegang Susannas soll jedoch erst später eingegangen werden, an dieser Stelle werden zunächst noch die weiteren, mit dem Eheprozeß in direktem Zusammenhang stehenden Geschehnisse verfolgt.

3. Der Vermögensarrest während des Eheprozesses

Der Neuenburger Rat hatte schon Anfang April 1550 Erkundigungen über den Verbleib von Susannas Vermögen angestellt und verlangt, die bei Amerbach befindlichen „brieffen“ nach Neuenburg zurückzubringen[1]. Diese Papiere, über die nähere Angaben nicht gemacht werden, scheinen sich auf an fremden Grundstücken bestehende Reallasten zu beziehen, auf Grund derer regelmäßig wiederkehrende Leistungen als Naturalabgaben beziehungsweise als Geldzinsen zu entrichten waren[2]; Amerbach schickt auf die Aufforderung hin jedenfalls die „brieff vber win vnd korn“ an Schirin, hält jedoch die „gelt zins brieff“ mit der Begründung zurück, daß ihm diese von Leonhart Fuchs bei seinem Tod zur Verwaltung anvertraut worden seien[3]. Das Interesse des Neuenburger Rats an Susanna und ihrem Vermögen ist mit der Herausgabe dieser Vermögenstitel aber noch nicht befriedigt. Am 27. Mai müssen Alban und seine Mutter trotz heftiger Gegenwehr vor dem Rat „Ein Eidt thoun, nitt vss der statt zu kommen vnd weder vnser guott noch (lib) vss der statt zu wennden noch Ruckenn, Biss dass Susanna gonn Nüwenburg wider komptt“[4].

Gegen diese Maßnahme wendet sich Amerbach sofort in einem Schreiben an die Regierung von Ensisheim; da sich Susanna in Freiburg im Kloster zu St. Agnes und damit „jn hochstgemelter Kongr. Mt. furstenthvmb“ befände, bestände nach göttlichen und weltlichen Rechten keinerlei Grund oder Anlaß für einen „arrest“[5]. In dem auf die Beschwerde hin noch am Eingangstag ergangenen Bescheid aus Ensisheim wird die Aufhebung der „verstrickhung“ davon abhängig gemacht, daß „ein freundtschafft gedachter Susanna gnugsame vnnd annemliche sicherung vnd Caution gibt, das sie selb Susanna in Ko. Mt. oberkeyt biss zu vsstrag des angefenngten Rechtens vnnd erstattung desselben pleyben thue“[6] Auf Amerbachs Vorschlag hin genügt hierfür ein ent-

---

[1] Davon unterrichtet Schirin Amerbach in Nr. 3270.

[2] Zu den verschiedenen deutsch-rechtlichen Reallasten Hübner, Privatrecht, S. 350, 360—366.

[3] Nr. 3271.

[4] So berichtet Alban an Amerbach Nr. 3287.

[5] Nr. 3288; er läßt in dem Begleitschreiben auch seine Verärgerung über diese Maßnahme erkennen; er habe „nitt ein klein befremdes empfangen“, als er hiervon erfahren habe.

[6] Vor Nr. 3291.

sprechendes Versprechen[7], das von Schirin und Alban vor der Regierung in Ensisheim geleistet wird und zur sofortigen Aufhebung der Arrestierung geführt hat[8].

Schwierigkeiten bereitet die genaue rechtliche Einordnung und Qualifizierung dieses Vorfalls. In ihrer speziell prozessualen Bedeutung bezeichnen die Begriffe „Arrest" und „Verstrickung" in einer vermögensrechtlichen Streitigkeit den vorläufigen gerichtlichen Zugriff auf den Schuldner oder sein Vermögen, der dem Gläubiger die Befriedigungsmöglichkeit aus dem Schuldnervermögen erhalten und sichern soll[9]. In diesem Sinn können die Bezeichnungen hier nicht gebraucht sein, denn die Arrestierung ist weder eine gerichtliche Maßnahme noch sind Alban Fuchs und seine Mutter Vermögensschuldner des Prozesses, mit dem die Arrestierung in Zusammenhang steht. In der allgemeinen Bedeutung des Ausdruckes „Arrest", daß nämlich jemand etwas, das sich in Bewegung befindet, anhält, zurückhält, dessen Fortbewegung hemmt[10], stellt die Maßnahme des Neuenburger Rates zweifellos einen Personen- und Sacharrest dar. Wie Alban gehört hat, hat der Rat diesen im Auftrag der Regierung von Ensisheim erlassen[11]. Genaue Aufzeichnungen über das Verfassungs- und Verwaltungsrecht der Stadt Neuenburg und ihr Verhältnis zur Regierung in Ensisheim, aus denen konkrete rechtliche Eingriffs- und Aufsichtsbefugnisse hervorgingen, sind nicht überliefert[12].

Nur allgemein kann daher das verwaltungsrechtliche Zusammenwirken zwischen Neuenburg und Ensisheim dargestellt werden[13]. Elsaß und der Breisgau mit den Städten Freiburg, Breisach und Neuenburg unterstanden seit 1523 nicht mehr unmittelbar der vorderösterreichischen Regierung in Innsbruck, sondern dem von Ferdinand I.[14] errichteten Regiment in Ensisheim, das zu seiner Entlastung mit der Wahrnehmung der Regierungs- und Justizaufgaben betraut worden war. Sehr wahrscheinlich bestand in dem hier interessierenden Jahr 1550 innerhalb des Regiments die Trennung von Justiz und Verwaltung

[7] Nr. 3291 Anm. 2.

[8] Vgl. Amerbachs Darstellungen des Falles vor Nr. 3223 und Nr. 3374 Anm. 2.

[9] Zur geschichtlichen Herausbildung des Arrestverfahrens HRG „Kummer".

[10] HRG „Kummer".

[11] Nr. 3287.

[12] Die Handveste König Adolfs von 1292 und das Eidbuch von 1616 (Merk, Stadtrechte II 3, Nr. 7 und Nr. 64) enthalten nur vereinzelt Bestimmungen verfassungsrechtlichen Inhalts.

[13] Einen Überblick über die Verwaltungs- und Regierungsorganisation im vorderösterreichischen Herrschaftsgebiet insgesamt gibt Hellbling, Verfassungsgeschichte, S. 144 und 229—233.

[14] Diesem waren 1521 von seinem Bruder Karl V. anläßlich der Erbteilung die österreichischen Erblande überlassen worden.

schon insofern, als diese Tätigkeitsbereiche von zwei verschiedenen Senaten wahrgenommen wurden[15]. Eine genaue Festlegung der einzelnen Aufgaben war jedoch in beiden Bereichen noch nicht erfolgt[16]; die Regimentsinstruktion Ferdinand I. enthielt hierzu nur allgemeine Anweisungen, wie zum Beispiel die, daß die Räte „volkhomen macht und gwalt haben (sollen, Anm. d. V.) in allem dem, was justicia und unser fürstlich oberkheit und regierung betrifft, zu handeln ..."[17] Eine präzise „Rechtsgrundlage" für die Anweisung aus Ensisheim an den Magistrat von Neuenburg als handelnde Behörde der untersten Verwaltungseinheit Stadt läßt sich also nicht finden[18]. Der wirtschaftliche Grund für die Arrestierung läßt sich dagegen aus der Bedingung für ihre Aufhebung schließen: man befürchtete offensichtlich, daß Susanna im Unterliegensfall die Ausführung des Eheurteils durch einen Wegzug zu ihren Verwandten nach Basel erschweren oder verhindern würde und damit sich und ihr Vermögen dem steuerlichen und abgabenmäßigen Zugriff der Stadt Neuenburg und der vorderösterreichischen Herrschaft für immer entziehen würde. Dieser Gefahr konnte man mit der vorgenommenen Arrestierung vorbeugen und so ihren Verbleib im vorderösterreichischen Herrschaftsgebiet bis zum Ausgang des Eheprozesses sicherstellen.

Die Beschwerde gegen die nach außen hin allein vom Neuenburger Rat erlassene und zu vertretende Maßnahme richtete Amerbach an Hans von Andlau, „Römischer Königlicher Majestät Rat und königlicher Regierung zu Ensisheim Statthalter"[19] und nimmt das Ensisheimer Regiment dabei offensichtlich als Appellationsinstanz gegen die Entscheidung der untergeordneten Behörde in Anspruch[20]. Über das an den Statthalter als Vertreter des an der Spitze des Regiments stehenden Landvogts gerichtete Schreiben entschieden sämtliche Mitglieder der Regierung[21], — und kamen dabei, wie oben schon geschildert, — zu einem für Amerbach und die Familie Fuchs durchaus annehmbaren Kompromiß.

[15] Hellbling, Verfassungsgeschichte, S. 230; Beemelmans, Behörden, S. 74.

[16] Insgesamt zur Entwicklung des Ensisheimer Regiments statt aller Beemelmans, Behörden, S. 64 und zum Verhältnis zur Innsbrucker Regierung, dem es teils neben-, teils untergeordnet war, Rosenthal, Behördenorganisation, S. 159/160.

[17] Beemelmans, Urkunden, Nr. 2.

[18] Von „Einmischungen" der vorderösterreichischen Regierung in städtische Angelegenheiten berichtet für Freiburg Laubenberger, Freiburger Stadtverwaltung, S. 49.

[19] Nr. 3288 und vor 2911 (hier auch biographische Nachweise über von Andlau).

[20] Zu dem dreigliedrigen Instanzenzug der österreichischen Behörden Hellbling, Verfassungsgeschichte, S. 230 und für Vorderösterreich Beemelmans, Behörden, S. 63/64.

[21] Vgl. hierzu und zum Verfahrensgang Beemelmans, Behörden, S. 80—86.

4. Das Abtreibungsverfahren

Nur wenige Wochen nach diesem Vorfall steht im Geschehensablauf des Prozesses und der mit ihm zusammenhängenden Ereignisse ein neues, sehr viel bedrohlicheres und schwierigeres Problem an. Zugleich mit der Nachricht über den gewonnenen Eheprozeß teilt Advokat Wurm am 13. Juli 1550 von Radolfzell aus mit, daß Jölin die Absicht habe, Susanna auf Grund einer ihrer Aussagen im Prozeß wegen versuchter Abtreibung anzuklagen; er habe sich zu diesem Zweck eine Abschrift der Gerichtsprotokolle machen lassen, die er dem Regiment zu Ensisheim vorlegen wolle. Auf entsprechendes Nachfragen Jölins hin hatte sich Susanna zu dem siebten Punkt der Klage, in dem es um ihre Schwangerschaft ging, wie folgt geäußert: „quod uxor Materni sibi aliquid parauerit seu praeparauerit ad auf(f)erendum et propellendum susceptam prolem et ipsa vsa sit huiusmodi, sed nihil effecerit, vulgariter dicendo: Sy hab Jr etwas geben, das es Jr solt vergon; vnd sie habs genommen. Es hab aber nuntz geholffen"[1].

Amerbachs Erschrecken und Bestürzung über diese Komplikation ist groß. Er sieht in der Anklage einen Racheakt Jölins wegen des verlorenen Eheprozesses: „Acht, so actor die sach verlorn, vnderstundt er, sich dermossen zu rechen vnd Svsann in gfor zebringen"[2]. Er schätzt die hieraus für Susanna entstandenen Gefahren sehr hoch ein und spricht davon, daß Jölin sie „an die axt" geben[3] und „in gfar ires lybs" bringen[4] wolle. Sofort korrespondiert er mit den Juristen Theobaldus Bapst, Ambrosius Kempf und Augustin Wurm über die rechtliche Beurteilung der Lage, entwirft Argumentationsstrategien für den Prozeß und zieht als Gegenmaßnahme in Betracht, Jölin wegen Verführung Susannas anzuklagen. Ob Amerbachs Reaktion auf einer realistischen Einschätzung der Susanna erwartenden Strafen beruht oder, beziehungsweise inwieweit die Situation für ihn aus einer persönlichen moralischen Haltung zur Abtreibung diese bedrohliche und beunruhigende Bedeutung gewinnt, ist unklar und kann erst nach der juristischen Überprüfung der Angelegenheit gesagt werden.

---

[1] Das Protokoll dieser Antwort beginnt mit den Worten: „rea illic per actorem deducta fatetur ..." (Nr. 3306 Anm. 1).

[2] An Kempf, Nr. 3311.

[3] In seiner Darstellung des Falles vor Nr. 3223 (S. 355).

[4] An Neser, Nr. 3315.

Anhängig war der Prozeß vor dem Regiment in Ensisheim. Jölin hatte die die Abtreibung betreffenden Akten einer späteren Darstellung Amerbachs zufolge[5] zwar zunächst dem Rat in Neuenburg vorgelegt, dieser muß sie jedoch zur Bearbeitung nach Ensisheim weitergeleitet haben. Dies läßt sich zum einen einer Äußerung Peter Nesers, Ratsmitglied dieser Regierung, entnehmen, der Amerbach auf seine Bitte hin verspricht, sich um die Sache zu kümmern: „Wil jnkünftig daruf acht haben vnd alles, was mir möglich vnd verantwortlich, ewerthalben jedertzeit befürderen. Gedenck, meine herren alle werden auch des willens sein“[6]; vor allem weist jedoch der „brieff vonn Ensshen“ an Alban, der einen Vergleichsvorschlag zur Beilegung der Angelegenheit enthält, daraufhin, daß das dortige Regiment mit dem Fall befaßt war[7]. Obwohl der Stadt Neuenburg schon seit dem 13. Jahrhundert eine eigene Gerichtsbarkeit, einschließlich der Blutgerichtsbarkeit, über ihre Bürger zustand[8], wurde hier also offensichtlich die vorderösterreichische Regierung in Ensisheim als erstinstanzliches Gericht in einer Strafsache tätig. Ebensowenig wie auf verwaltungsrechtlichem Gebiet läßt sich für die Strafrechtspflege feststellen, wie die Rechte und Kompetenzen der Stadt Neuenburg der vorderländischen Regierung gegenüber im einzelnen abgegrenzt waren[9]; allgemein kann die Zuständigkeit Ensisheims auch im vorliegenden Fall, in dem es um die Ausübung der Justizgewalt ging, aus der schon zitierten, von Ferdinand I. 1523 erlassenen Regimentsinstruktion für die Vorlande hergeleitet werden[10]. Ein zurückzuweisender Eingriff in die Selbständigkeit der Stadt und das prinzipielle Privileg ihrer Bürger, ausschließlich ihrer Gerichtsbarkeit zu unterliegen, wurde hierin nicht gesehen — weder Amerbach noch einer der von ihm in dieser Sache konsultierten Juristen zweifelten die Zuständigkeit Ensisheims irgendwie an.

Eine eigene, die strafrechtliche Materie regelnde Landesgesetzgebung gab es in den österreichischen Vorlanden nicht; für ein Verfahren vor dem Regiment in Ensisheim war seit 1532 in Strafsachen die Constitutio Criminalis Carolina Karls V. maßgebend[11]. Der die Strafbarkeit

---

[5] Vor Nr. 3223 (S. 355).

[6] Nr. 3316.

[7] Hierzu genauer unten S. 69.

[8] Merk, Stadtrechte II 3, S. XXIII.

[9] Von im 17./18. Jahrhundert immer massiveren Einmischungen der vorderösterreichischen Regierung in die Kriminalgerichtsbarkeit berichtet Schindler für die Stadt Freiburg (Verbrechen, S. 19); für die verwaltungsrechtliche Tätigkeit siehe oben S. 62 insbesondere Anm. 18.

[10] Siehe oben S. 62; vgl. auch Leiser, Strafgerichtsbarkeit, S. 180/181 und 191—193, der eine *reguläre*, erstinstanzliche Zuständigkeit der vorderösterreichischen Regierung in Strafsachen nicht annimmt, da im Vergleich zu den Instruktionen für die oberösterreichischen Regierungen die Strafrechtspflege in der Instruktion für Ensisheim nicht genannt ist.

der Abtreibung regelnde Art. 133 lautet in den für die vorliegende Anklage relevanten Teilen: „Item so jemandt eynem weibssbild durch bezwang, essen oder drincken, eyn lebendig kindt abtreibt, ... so solch übel fürsetzlicher vnd bosshafftiger weiss beschicht, soll ... die fraw so sie es auch an jr selbs thette, ertrenckt oder sunst zum todt gestrafft werden"[12]. Die Beurteilung der Abtreibung eines belebten Foetus als Tötungsdelikt ergibt sich außer aus dem Strafmaß — die Strafe des Ertränkens (poena cullei) ist auch die für eine Kindestötung vorgesehene — aus der äußerlichen Einordnung der Strafbestimmung unter die vor Art. 130 CCC gestellte Überschrift „Hernach volgen etlich böse tödtung, vnd von straff der selben thätter"[13]. Die hier für die Frau vorgesehene Todesstrafe setzt eine vorsätzlich vorgenommene — „fürsetzlicher vnd boßhafftiger weiß" — und vollendete — „abtreibt" — Abtreibung voraus. Feststeht im vorliegenden Fall jedenfalls, daß Susanna das Kind lebend geboren hat; ihr kann daher von vornherein nur eine versuchte Abtreibung zur Last gelegt werden.

Die selbständige Strafbarkeit des nur versuchten Deliktes war in der CCC bereits anerkannt; Art. 178 definiert den Versuch als eigenen, allgemeinen Tatbestand, in dem im Vergleich zum vollendeten Delikt grundsätzlich die geringere Rechtsverletzung gesehen wird: „Item so sich jemandt eyner missethatt mit etlichen scheinlichen wercken, die zur volnbringung der missethatt dienstlich sein mögen, vndersteht, vnnd doch an volnbringung der selben missethatt durch andere mittel, wider seinen willen verhindert würde, solcher böser will, darauss etlich werck als obsteht volgen, ist peinlich zu straffen, Aber in eynem fall herter dann inn dem andern angesehen gelegenheit vnd gestalt der sach,...".

Diese Versuchsregelung beruhte auf den Lehren der italienischen Strafrechtswissenschaft und -praxis des Mittelalters[14], von der die Strafrechtswissenschaft im deutschsprachigen Raum um die Mitte des 16. Jahrhunderts noch völlig abhängig war. Die Überlegungen von Amerbach, Theobald Bapst und Ulrich Iselin zu dem anstehenden Strafverfahren haben denn auch nicht die zitierte gemeinrechtliche Be-

[11] Beemelmans, Behörden, S. 75, Hellbling, Verfassungsgeschichte, S. 280—283, Luschin, Reichsgeschichte, S. 355—357 und inzident aus der Geltung der Maximilianischen Halsgerichtsordnungen nur für Tirol und Radolfzell (E. Schmidt, Halsgerichtsordnungen, S. 64—73).

[12] Die Zitate aus der CCC sind der Ausgabe von Zoepfl entnommen.

[13] Vgl. hierzu auch Jungmann, Abtreibung, S. 12—14. Die Strafe bei Abtreibung eines *un*belebten Fötus ist nicht im einzelnen festgelegt: „... sollen die vrtheyler der straff halber bei den rechtuerstendigen oder sunst wie zu end diser ordnung gemelt, radts pflegen" (Art. 133 Satz 2); die Unterscheidung zwischen foetus animatus und inanimatus stammt aus dem kanonischen Recht.

[14] Über die gegenseitige Beeinflussung von Theorie und Praxis in Italien, die zur Herausbildung dieses Versuchsstrafrechts geführt hat, Dahm, Straf-

stimmung der CCC zum Ausgangspunkt, sondern gehen im wesentlichen auf die römischen Rechtsquellen in ihrer Bearbeitung durch die mittelalterliche Theorie und Praxis zurück und zeigen damit beispielhaft das Fehlen einer eigenständigen, wissenschaftlichen Behandlung des deutschen gemeinrechtlichen Strafrechts, das dazu führt, daß Interpretation und nähere Ausgestaltung des in der CCC niedergelegten Rechts allein nach italienischem Recht erfolgt[15]. Amerbach bezieht sich in seiner Argumentation zur geringeren Strafbarkeit der nur versuchten Abtreibungshandlung Susannas direkt auf die italienische Lehre und Praxis, wenn er sagt: „omnes leges conatum, sicut si effectus secutus fuisset, punientes hodie, vt Bartolus inquit, per generalem consuetudinem sunt correctae et abrogatae"[16]. Ebenso entkräftet Theobald Bapst die Meinung der „rechtuerstendigenn", die sagen, „quod conatus perinde atque effectus puniatur", mit der gegenteiligen Auffassung anderer Rechtsgelehrter wie Jason oder Felinus, nach der dieses „gemeyne recht versehung nit mehr jn bruch vnnd vbung sigen"[17]. Auch Ulrich Iselin stellt auf Grund „gemelte keiserlichen recht vnd deren gelerten gemeine leer vnd vff jetziger Röm. Key. Mt. vnd gemeiner stend des heiligen Reichs peinlichen gerichtordnungen" eine optimistische Prognose bezüglich der Susanna erwartenden Strafen „dieweil der gepurt nichtzit dar uon widerfaren" und „das kindt frisch vnd gesundt erboren vnd auch noch jn leben ist"[18]. Heinrich Rauchdorn bestätigt in seiner für die deutsche Strafrechtsentwicklung bedeutsamen Schrift „Practica und Prozeß peinlicher Halsgerichtsordnung" im Jahr 1564 die von den Juristen hier angestellten Überlegungen, wenn er unter Berufung auf die „gemeine gewonheit" die Strafbarkeit des Versuchs als grundsätzlich

---

recht, S. 185—198. Im römischen Recht selbst noch hatte für den Versuch der rechtstechnische Begriff überhaupt gefehlt; Vorbereitungs- und Versuchshandlungen konnten nur unter bestimmten Bedingungen unter die für das vollendete Delikt vorgesehene Regelung subsumiert und in der gleichen Weise bestraft werden (Mommsen, Strafrecht, S. 95—98; Schaffstein, Lehren, S. 157). Ebenso war auch im mittelalterlichen germanischen Recht grundsätzlich nur der Erfolg der Tat bestraft worden, und nur für einzelne Versuchshandlungen waren selbständige Straftatbestände geschaffen worden, auf Grund derer bestimmte Vorbereitungshandlungen als vollendete Delikte bestraft wurden (His, Strafrecht I, 31—34; Schaffstein, Lehren, S. 157).

[15] Hierzu und zur Entwicklung einer selbständigen deutschen Strafrechtswissenschaft gegen Ende des Jahrhunderts Schaffstein, Lehren, S. 3—9; Stintzing / Landsberg, Rechtswissenschaft, S. 607/608 und 636; Schmidt, Einführung, S. 140—142. Zur Beeinflussung der im Entstehen begriffenen deutschen Strafrechtsdogmatik durch die außerdeutsche Strafrechtswissenschaft Schaffstein, Europäische Strafrechtswissenschaft.

[16] In einem Brief an Neser, Nr. 3315.

[17] In einem Brief an Kempf, Nr. 3320 Anm. 1; als locus communis zitiert er D 2, 2, 1, 2.

[18] Nr. 3374 Anm. 2 (S. 553/554).

„limitiert und gelindert" feststellt[19]. Der immer wiederkehrende Hinweis auf die normal verlaufene Geburt in der Argumentation zur Verteidigung Susannas dient damit der Begründung der milderen Versuchstrafbarkeit und war für die strafrechtliche Beurteilung der Handlung Susannas von großer Bedeutung.

Darüberhinaus wird zugunsten von Susanna auf die fehlenden subjektiven Tatbestandsvoraussetzungen hingewiesen. Susanna habe mit der ihr vorgeworfenen Handlung eine Menstruationsstörung beheben, keineswegs aber eine Abtreibung herbeiführen wollen; da die CCC nur die vorsätzliche Abtreibung mit Strafe bedrohe, könne Susanna strafrechtlich überhaupt kein Vorwurf gemacht werden: „dweil sie jr weiblich kranckheit ein lange zeit nitt gehapt, hab sy Maternen frawen auch daruon gsagt, die nun jr ettwas geben, die zufürdern, doch sie alle beide, das sy schwanger solt sin, kein wissen getragen"[20]. Für die Richtigkeit dieser Darstellung zieht Iselin den weiteren Geschehensverlauf heran und stellt heraus, daß Susanna nach dieser einmaligen Handlung in Bezug auf einen Schwangerschaftsabbruch nichts mehr unternommen hat: „Als aber dis, so sie jr gegeben, nichts geholffen noch die kranckheit gefürdert, sonder der leib jr anheben wachsen, ist sie jn ein zweiffel vnd sorg gfallen, das sie schwanger, das sie dan auch gemelten Maternnen frawen entdeckt, die jr nochmols nichts weiters geben". Auch die Tatsache, „das kein vnerschrocken, vernünfftig mensch solchs anzeigt, darumb es nitt erfragt vnd jm zu mercklichem nachteil reichen möchte" zeige, wie unsinnig es sei, Susannas Einlassung als Geständnis einer Abtreibungshandlung zu interpretieren. Iselin führt das ganze „Geständnis" Susannas abschließend denn auch auf ein Mißverständnis zurück; entweder habe sie „der commissarius jn diesem puncten nitt recht verstanden oder sy (habe, Anm. d. V.) vss schrecken nitt recht den handel anzeigt". Amerbach selbst erkennt Neser gegenüber zwar indirekt eine fahrlässige Handlungsweise Susannas an, wenn er unter Berufung auf D 48, 8, 7 argumentiert „culpa lata pro dolo non accipitur"[21]; dies schadet jedoch nicht, da Fahrlässigkeit in diesem Zusammenhang für eine Bestrafung nicht ausreicht.

Eine andere Verteidigungsstrategie, die allerdings mit der gerade genannten in Widerspruch steht, weil sie vom Tatsächlichen her die

---

[19] Zitiert nach Schaffstein, Lehren, S. 162. Rauchdorn übernimmt auch die schon von Amerbach zitierte Auffassung von Julius Clarus, nach der sich auf Grund der „gerneralis consuetudo per totum mundum approbata" die mildere Bestrafung des Versuchs durchgesetzt habe.

[20] Iselin in der Supplikation Nr. 3374 Anm. 2 (S. 555); hier finden sich auch die folgenden Zitate.

[21] Nr. 3315. Zu den verschiedenen Schuldgraden der Fahrlässigkeit (culpa lata, levis und levissima), die für die Bestrafung von Bedeutung waren im gemeinem Recht, siehe Schaffstein, Lehren, S. 150.

Abtreibungshandlung als solche zugibt, ist die Argumentation mit der aus Altersgründen fehlenden Zurechnungsfähigkeit Susannas[22]. Eine allgemeine Zurechnungsfähigkeitslehre war weder von der italienischen Strafrechtswissenschaft noch — zu dieser Zeit in selbstverständlicher Folge davon — von der deutschen Wissenschaft ausgebildet worden[23]. Unter den kasuistisch aufgezählten Zurechnungsunfähigkeitsfällen gehörte das jugendliche Alter neben furor, ebrietas, ira und melancholia in der italienischen Lehre zu den am meisten erwähnten. Auch Art. 179 CCC verpflichtete für den Fall, daß jemand, der „der jugent oder anderer gebrechlicheyt halben, wissentlich seiner synn nit hett, eyn übelthatt begangen", die Urteilenden zu zusätzlicher Beratung mit anderen Rechtsverständigen[24]. In der Einteilung der Altersstufen war die italienische Lehre und Praxis im wesentlichen der römisch-kanonistischen Auffassung gefolgt, nach der Straftaten von Infantes, den unter 7 Jahre alten Kindern, grundsätzlich straffrei blieben; innerhalb der 7—14jährigen Impuberes unterschied man zwischen den in der Regel auch noch straffreien Taten der infantiae proximi und den grundsätzlich milder zu bestrafenden Taten der pubertati proximi[25].

Susanna war zur Zeit der ihr vorgeworfenen Handlung fast 14 Jahre alt und gehörte vom Alter her auf jeden Fall zu den pubertati proximi[26]; ihre Straflosigkeit begründen Amerbach und die anderen Juristen denn auch vor allem mit den zu ihrer Jugendlichkeit hinzukommenden Umständen, die auf das Fehlen eines eigenen Handlungsentschlusses schließen lassen; da ist zunächst die Beeinflussung durch Frau Matern — „das sy dotzmol nit vber 13 jar also von gemelt Maternen husfraw persvadirt"[27]; hinzu kommt das Verhalten von Jölin, das Susannas Handlung weitgehend als fremdbestimmt erscheinen läßt: „poculum contra prolem etc. scitu suo fuerit paratum, et magis ipse culpandus quam ipsa, ... In his uerbis consobrina (Frau Matern, Anm. d. V.) locuta: ‚Nim den tranck' — ipso nequam sibi suadente — ‚besser ist,

---

[22] Nach heutigen Einteilungskategorien setzt diese Argumentation bei der Schuld an, gesteht also Tatbestandsmäßigkeit und Rechtswidrigkeit der Tat zu, während die Argumentation mit dem fehlenden Vorsatz schon die Tatbestandsmäßigkeit des Verhaltens leugnete.

[23] Hierzu Schaffstein, Lehren, S. 98—107.

[24] Art. 219 „Erklerung bei wem, vnd an welchen orten rath gesucht werden soll", verweist in diesem Zusammenhang auf die Oberhöfe, Regierungen, Universitäten etc.

[25] Zu den Altersgrenzen im einzelnen und ihrem Schwanken in den Statuten Dahm, Strafrecht, S. 248—252 und Schaffstein zu ihrer Behandlung in der deutschen gemeinrechtlichen Lehre, Lehren, S. 99/100.

[26] Über die Grenze zwischen den pubertati und infantiae proximi (7—10½ und 10½—14 Jahre) Schaffstein, Lehren, S. 99 und Dahm, Strafrecht, S. 248—252.

[27] Amerbach an Wurm, Nr. 3306 Anm. 3.

du nemmest den, quam ut apud omnes schandaliseris“[28]. Susannas Unselbständigkeit und fehlende Einsichtsfähigkeit wird noch betont durch den Hinweis auf ihre Einfältigkeit: „wie sy dan gantz einfaltig vnd dotzmol nitt vber 13 jar alt gewesen, ettwas zenemmen vnderwysen vnd iren gegeben worden“[29].

Die Entscheidung zwischen den beiden Verteidigungsmöglichkeiten — Straflosigkeit wegen nur versuchter und ohne Vorsatz begangener Tat oder wegen Unzurechnungsfähigkeit — fällt schließlich zugunsten der erstgenannten, angeblich nachdem Frau Matern die ganze Sache richtiggestellt hat, indem sie auf ihre und Susannas Unkenntnis der bestehenden Schwangerschaft aufmerksam gemacht hatte[30]. Nachdem sichergestellt ist, daß sowohl Frau Matern als auch Susanna bei dieser Darstellung des Vorfalls bleiben, „so sy beid zu samen stimmen“[31], wird dies als offizielle Begründung von Ulrich Iselin eingebracht[32].

Material über den Verlauf des Strafprozesses selbst ist nicht vorhanden, so daß dessen Her- und Ausgang nicht mehr nachgezeichnet werden kann. Eine Verurteilung Susannas ist nach der geschilderten nachkonstruierbaren Sachlage sehr unwahrscheinlich. Nach den Regelungen der CCC setzt diese ein glaubhaft festgestelltes Geständnis (Art. 60) oder das Zeugnis zweier Zeugen voraus (Art. 63—67), was beides hier nicht zu erwarten ist. Auch Verdachtsmomente oder Indizien, die zur Erreichung eines Geständnisses die Anwendung der Folter rechtfertigten (Art. 20 ff.), liegen nicht vor.

Bestätigt wird diese Einschätzung der rechtlichen Lage durch einen zwei Jahre später aus Ensisheim an Alban gerichteten Vergleichsvorschlag zur Beilegung der Angelegenheit. Im September 1552 berichtete Alban Amerbach, daß ihm in einem „brieff vnn Ensshen“ geraten worden sei, noch einmal zu Susanna zu reiten und ihr zu empfehlen, „dass es (Susanna, Anm. d. V.) mitt min herenn vber kem, dormitt das sin schandtt nitt witter an tag kem; dann Es mir Ein grosenn nochteil bringenn wurt“[33]. Amerbach rät von einem solchen Handel jedoch entschieden ab: zunächst solle Alban dem Rat sagen, daß er kaum Kontakt zu Susanna habe, die zudem auch in der Vergangenheit auf seinen Rat und seine Wünsche so wenig gegeben habe[34]; im übrigen habe er, Alban,

[28] Kempf an Amerbach Nr. 3320. Amerbach übernimmt diese Darstellung Joh. Rudolff gegenüber in Nr. 3327.

[29] Amerbach an Neser, Nr. 3315.

[30] Amerbach an Schirin, Nr. 3374.

[31] Nr. 3374.

[32] In der noch unten S. 72 zu behandelnden Supplikation.

[33] Vor Nr. 3552.

[34] Amerbach spielt hier auf den gegen den Willen der Familie durchgesetzten Klostereintritt Susannas an (siehe unten S. 80).

mit der Sache nichts zu tun: „hatt Svsann ettwas gesundigett, so bist du daran nitt schuldig, vnd als der vnschuldig nitt entgelten solt". Hinzukomme, daß jedes Eingehen auf solche Übereinkommen letztlich ein Schuldeingeständnis bedeute und in Widerspruch zu Susannas bisheriger Einlassung stände, völlig unschuldig zu sein: „Soll es nvn sich mitt der oberkeit verdragen oder vberkommen, so gipt es sich schuldig vnd ist jm die geltstroff Eherverletzlich"[35]. Es ist anzunehmen, daß Alban entsprechend Amerbachs Rat geantwortet hat, aber auch hierüber finden sich keine Aufzeichnungen mehr.

[35] Die Antwort Amerbachs findet sich unter Nr. 3552.

5. Vermögensarrest während des Abtreibungsverfahrens

In direktem Zusammenhang mit der Anklage wegen Abtreibung steht eine Arrestierung des Vermögens von Susanna. Bereits am 26. Juli 1550, also knapp drei Wochen nach Ende des Eheprozesses, hatte Amerbach aus Neuenburg die Mitteilung bekommen, daß der Rat der Stadt im Hinblick auf den bevorstehenden Strafprozeß Susannas „hab vnd guetere" in Arrest gelegt habe[1]. Zum zweitenmal greift die Stadt Neuenburg damit wegen eines vor einem Gericht schwebenden Verfahrens auf das Vermögen der Familie Fuchs zurück. Dem während des Eheprozesses Alban und seiner Mutter gegenüber verfügten Vermögens- und Personenarrest[2] folgt jetzt Susanna gegenüber dieser Vermögensarrest.

Wiederum bereitet die rechtliche Qualifikation der Maßnahme Schwierigkeiten. Dabei läßt hier der Zusammenhang mit dem Strafprozeß zunächst an eine Konfiskation oder Vermögenseinziehung denken. Seit jeher war die Einziehung des Vermögens eines Verurteilten bei bestimmten Delikten als selbständige oder begleitende Strafe üblich gewesen[3] und hatte für Obrigkeit und Gemeinwesen eine nicht unwichtige Einnahmequelle gebildet. Die Begründung für das Konfiskationsrecht gab diesen Bereicherungszweck auch zu: die Straftat, die den Zorn Gottes erregt habe, führe das Land wirtschaftlich ins Unglück, eine Folge, die vom Täter durch Hingabe seines Vermögens zum allgemeinen Besten ausgeglichen werden müsse[4]. Klagen aus der Bevölkerung gegen die Konfiszierung gab es wegen der sozialen Folgen für die Familienangehörigen schon lange[5]; in Art. 218 CCC wurde aus diesem Grund — „werden weib vnd kinder an bettelstabe, vnnd das gut dem herren zugewisen" — die Einziehung des Vermögens eines Delinquenten schließlich auch untersagt mit Ausnahme des Falls des „lasters vnser

---

1 Mitteilung von Joh. Rudolff (Nr. 3321); Rudolff ist ein Verwandter von Amerbach; außer dem zitierten Schreiben findet sich für die hier interessierenden Verfahren keine Korrespondenz von ihm (biographische Nachweise vor Nr. 3321).

2 Siehe oben S. 60.

3 Für das deutsche mittelalterliche Recht siehe Schröder / Künssberg, Rechtsgeschichte, S. 578 und 832; für das römische Recht Mommsen, Strafrecht, S. 1005—1011.

4 Leiser, Strafgerichtsbarkeit, S. 197 Anm. 314.

5 Vgl. Nr. 3 der von den Stühlinger Bauern im Bauernkrieg verfaßten Artikel (Leiser, Strafgerichtsbarkeit, S. 197 Anm. 315).

beleidigten Maiestet". Trotz dieser Bestimmung wurde in Vorderösterreich jedoch in der Regel bei allen peinlichen Delikten weiterhin konfisziert[6]. Daß es sich im vorliegenden Fall um eine solche Konfiskation handelt, ist allerdings nicht anzunehmen; zum einen stellt der Zugriff auf Susannas Vermögen inhaltlich nur ein Veräußerungs- und Verfügungsverbot dar, zum anderen erfolgte er zu einem Zeitpunkt, zu dem das Verfahren noch bevorstand und wurde auch nicht als Strafe von dem verurteilenden Gericht verhängt. Im übrigen wird die Maßnahme durchgehend, auch von Amerbach selbst, nicht als Konfiskation sondern als „arrest" bezeichnet, — von Ulrich Iselin in der zu ihrer Aufhebung verfaßten Supplikation beispielsweise als „arrest vnd verpott"[7]. Es kann wohl ausgeschlossen werden, daß sich Amerbach und Iselin als gelehrte Juristen in einer juristischen Beschwerdeschrift terminologische Ungenauigkeiten bei der Qualifizierung der anzugreifenden Maßnahme leisteten.

Wie bei dem Eheprozeß handelt es sich vielmehr offensichtlich auch hier um eine Maßnahme, mit der ein bestimmtes Verhalten Susannas sichergestellt werden sollte. Aus der Argumentation Iselins gegen die Zulässigkeit des Arrestes läßt sich entnehmen, daß es dem Neuenburger Rat diesmal darum ging, einer eventuellen Flucht Susannas wegen der ihr drohenden Verurteilung vorzubeugen: „so pflegt man vermög obermelter Rechten allein wider die abwesenden, so sich von wegen der misshandlung zu vermeidung der straff vsser der oberkait vnd landt vssern oder sonst latitirn, verborgen vnd niemandts wissend seind, also das sie nitt mer betretten noch zur straff bekommen mögen werden, das arrest vnd verpott der guetter an die hand zenemmen"[8]. Mit den „obermelten Rechten" bezieht sich Iselin auf die „keiserlichen rechte vnd deren gelerten gemeine leer vnd vff jetziger Röm. Key. Mt. vnd gemeiner stend des heiligen Reichs peinlichen gerichtsordnungen"[9].

Nach Art. 206 CCC soll der Richter in dem Fall, daß „eyn übelthetter ausweicht", sein Hab und Gut registrieren und „dem übelthetter nichts dauon volgen lassen"; mit dieser Bestimmung kann die Arrestierung des Vermögens von Susanna durch den *Rat* der Stadt allerdings nicht erklärt werden. Darüber hinaus finden sich weder in der CCC noch in der gemeinrechtlichen Lehre Hinweise auf die Möglichkeit des Arrestes als strafprozessuales Zwangsmittel. In der Zuständigkeitsfrage kann daher auch bei diesem zweiten Arrest wiederum nur pauschal auf die dem Rat allgemein obliegende Verwaltungstätigkeit verwiesen werden. Zu-

---

[6] Leiser, Strafgerichtsbarkeit, S. 197/198.

[7] Nr. 3321, 3374, 3375, 3379.

[8] Nr. 3374 Anm. 2 (S. 553).

[9] Nr. 3374 Anm. 2 (S. 553).

dem bleibt hier noch unklar, weshalb Ulrich Iselin die die Arrestierung angreifende Supplikation, die er im Auftrag und in Zusammenarbeit mit Amerbach verfaßt hatte, an den Rat von Neuenburg, also direkt an die erlassende Behörde richtete, während in dem ersten Fall die Beschwerde an das Ensisheimer Regiment ging[10]. Das Interesse der Stadt am Ausgang des Strafverfahrens und der Grund für den Erlaß des Arrestes sind dagegen leicht zu erschließen; daß einer so vermögenden Frau wie Susanna im Fall der Verurteilung mindestens teilweise auch eine Geldstrafe auferlegt oder Teile ihres Vermögens konfisziert würden, abgesehen davon, daß sie auch andere Strafen durch Geldzahlungen abzuwenden suchen würde, stand zu erwarten. Mit der Arrestierung des Vermögens konnte die Realisierung dieses fiskalischen Aspektes eines zur Verurteilung führenden Strafverfahrens sichergestellt werden[11].

Auf das Fehlen der Fluchtgefahr und die nicht zu erwartende Verurteilung Susannas stellt Iselin denn auch in seiner Begründung zur Aufhebung des Vermögensarrestes ab. Dabei führt er zum Fehlen der Fluchtgefahr aus, daß Susanna, „vor vnd ehe man ettwas von dieser handlung wissen mögen, gleich von anfang der eesach ... jn Sant Agnesen gotzhaus zu Freiburg jm Brisgöw gethon worden vnd noch biss auff den heüttigen tag mit lob des gantzen conuents darin behart"[12]. Daß Susanna „weder verborgen noch auss dem landt" sei, habe auch damals der Regierung zu Ensisheim Anlaß gegeben, den Arrest gegen ihre Verwandten aufzuheben. Außerdem beständen für die Susanna zur Last gelegten Straftat nur vage Verdachtsmomente, die zur Durchführung eines Strafverfahrens niemals ausreichten. Ihr Geständnis könne für ein peinliches Verfahren nicht herangezogen werden, da „ein solliche bekantnuss von einer minderiärigen dochter on beistandt jres vogts vermög der Rechten oncrefftig vnd nichtig" sei. In Ehe- und anderen geistlichen Sachen sei der Beistand des Vogts zwar grundsätzlich nicht erforderlich, jedoch stehe Susannas Aussage weder von der Sache her noch formal — der von ihr angeschnittene Punkt sei nicht vom Kläger oder vom Richter zum Gegenstand der Verhandlung gemacht worden — mit dem Eheprozeß in Zusammenhang: „Dan es ist zubedencken, das solliche bekanntnuss der missethat die ehesach gar nitt belangt, das auch der Cleger die angezogne missthat nitt articuliert hatt, sonder ist es ein frembde weltliche vnd gar abgesonderte handlung". Ein weiteres

[10] Siehe oben S. 62.

[11] Zur Funktion von Geldstrafen im Strafrechtssystem der Stadt Freiburg vgl. Schindler, Verbrechen, S. 135—139. In Basel wurden die an die Obrigkeit fallenden Strafgelder beispielsweise zum Teil zur Erneuerung und Erhaltung der Stadtbefestigung oder der Rheinbrücke verwandt (Metzger, Verbrechen und Straffolgen, S. 119).

[12] Nr. 3374 Anm. 2 (S. 553).

Argument gegen die Verwertbarkeit des Geständnisses leitet Iselin aus den Grenzen der Beweiskraft der notariellen Protokollierung her. Die von einem „notarius publicus“, einem öffentlichen Notar innerhalb seines Tätigkeitsbereichs gemachten Aufzeichnungen genossen grundsätzlich öffentlichen Glauben — das heißt, daß die von ihm beurkundeten Vorgänge für die Zukunft allgemein als wirklich und tatsächlich geschehen behandelt wurden. Diese weitreichenden Konsequenzen setzten eine genaue Festlegung und Begrenzung der als öffentlich geltenden notariellen Tätigkeit voraus[13], innerhalb derer dann diese Macht zur Definition von Wirklichkeit gegeben war. Die „bona fides“ der notariellen Beurkundung bezieht sich nach Iselins Argumentation im Gerichtsverfahren nun allein auf die Aufzeichnungen über das, was „der antwurter oder antwurterin vff gegentheils fürgebrachte clag vnd positional artickel vnd des Richters frag antwurtet“; allein das soll auch der Notar „von seins ampts wegen“ protokollieren; alles andere aber, was „ausserhalb den clag artickeln vnd der rechtlichen frag geredt wird“, habe, selbst wenn es aufgezeichnet worden sei, nicht den Beweiswert der öffentlich-rechtlichen Urkunde. Es könne von daher aus den Gerichtsakten nicht einmal bewiesen werden, daß Susanna das sie jetzt belastende Geständnis überhaupt gemacht habe: „des geistlichen Richters gerichtsacta, von Hanss Jölin EEW vbergeben, probieren oder beweisen auch nitt, das genannte Susanna ein sollichs geredt oder gesagt habe“.

In heutiger Terminologie „hilfsweise“ geht Iselin dann noch auf den konkreten Tatvorwurf ein und verneint eine strafbare Handlung Susannas mit der oben dargestellten, von Amerbach entwickelten und für günstig befundenen Verteidigungsstrategie. Danach ist eine strafrechtliche Verfolgung Susannas also selbst dann nicht zu erwarten, wenn man ihre Aussage für rechtlich erheblich und in einem peinlichen Verfahren für verwertbar hält. Die Supplikation, die den Vermögensarrest insgesamt also durch nichts gerechtfertigt erscheinen läßt, wurde im Januar 1551 dem Rat in Neuenburg übergeben[14].

Ein anschauliches Beispiel für die Verzahnung juristischer mit politischen Überlegungen bei rechtlichen Entscheidungsfindungen bietet hierbei folgendes Vorgehen der Familie Amerbach / Fuchs. Schon in der Supplikation war am Ende auf den hinter Susanna stehenden Familienverband und die Verdienste ihres Vaters für die Stadt hingewiesen und betont worden, daß diesen durch eine positive Entscheidung „ein gross gefallen“ erwiesen würde — dem verstorbenen Vater „jn der andern welt“. Direkten politischen Druck übt Amerbach jedoch dann mit der Einschaltung des Basler Rates aus. Von Ambrosius Kempf

[13] Vgl. Schuler, Geschichte, S. 131—138 und 206—210.

[14] Amerbach an Kempf, Nr. 3398.

stammt der Vorschlag, „das sich der rodt anneme fur sich selbs, als wusten Ir nut dar von"[15]. Diesem Vorschlag folgend entwirft Amerbach für den Rat der Stadt Basel einen „furdernissbrieff" an Neuenburg[16]. Unmißverständlich stellt er hierin zunächst einmal Susannas Zugehörigkeit zu einem mächtigen, sozial einflußreichen Familiensystem dar und macht damit klar, daß es bei der zu treffenden Entscheidung nicht allein um das Interesse einer einzelnen Person geht. Zusätzliches Gewicht und eine Art außenpolitische Bedeutung bekommt mit diesem Schreiben Susannas Sache für Neuenburg dann noch dadurch, daß die benachbarte Stadt Basel bittet, „vermelltem Doctor Vlrichen Jselin sampt vorgenannter Susanna Fuchsyn gemeiner fründschafft anbrinden giettlich (zu, Anm. d. V.) vernemen vnd vch daruff so fründtlich vnd wilforig (zu, Anm. d. V.) bewysen, ... Das khumpt vns, vmb vch, vnser lieb fründt vnd nochburen Jnn glychem vnnd andern fälen fründtlichen zebeschulden". Um welche Sache es konkret dabei ging, hatte Amerbach dem Basler Rat nicht mitgeteilt und das Schreiben bewußt allgemein abgefaßt, „in genere gestelt"; die Schwierigkeiten, in die Susanna geraten war, waren in Basel nicht bekannt und „den gantzen handel zu specificirn vnd das, so verborgen, hie lutbrecht ze machen, ist mir von wegen miner lieben vnschuldigen kinden nitt gelegen", schreibt er in diesem Zusammenhang an Kempf[17].

Obwohl auch dieses Schreiben des Basler Rates höchstwahrscheinlich noch im Januar 1551 abgesandt wurde, ist bis September des Jahres noch keine Antwort seitens des Neuenburger Rates erfolgt; Amerbach erinnert am 9. 9. 1551 in einem Schreiben an den „Bürgermeister und Rat der Stadt" an die Erledigung; der Rat möge „obgedochter supplication rechtmessiger fundament oder vrsachen sich wol erinnern, die vlyssig besichtigen vnd erwegen vnd deren vermög den vngegrundten argwon fallen lossen, das arrest entschlachen vnd ein erbare frundtschafft irer flöhen, pitten vnd begern erhoren vnd geweren"[18]; am 15. 9. drückt er dann in seiner Stellungnahme zu dem Alban gemachten Vergleichsvorschlag[19] noch einmal seinen Ärger über die Untätigkeit des Rates aus. Seiner Darstellung zufolge[20] muß der Arrest schließlich jedoch auf Insistieren des Klosters St. Agnes, in das Susanna inzwischen eingetreten war, aufgehoben worden sein.

[15] Nr. 3372. Bapst sieht diese Idee offensichtlich als Alternative zur Einlegung der von Iselin verfaßten Supplikation an: „das Junckher Ambrosius vermeint fruchtbarer sein, das ein Ersamer Rhat der statt Basell denen von Nuwenburg als gutt nachburenn schribe, vermeint auch, sie wurden mehr dann die frundschafft erhalten. Nun weiss ich nit, was der best weg ist", Nr. 3379.

[16] Nr. 3398 Anm. 1.

[17] Nr. 3398.

[18] Nr. 3459.

[19] Nr. 3552, siehe oben S. 69.

[20] Vor Nr. 3224 (S. 355).

6. Überlegungen zu einer strafrechtlichen Verfolgung Jölins

Zur vollständigen Schilderung der mit dem Abtreibungsprozeß in Zusammenhang stehenden Geschehnisse und Überlegungen gehört noch eine von Amerbach als Gegenschlag in Betracht gezogene Anklage Jölins. Empört über dessen Absicht, Susanna nach all dem Ärger, den der Eheprozeß schon gebracht hatte, auch noch wegen einer Abtreibungshandlung anzuzeigen, will er nun seinerseits Jölin wegen des mit Susanna begangenen stuprum[1] anklagen und damit neben der Körperstrafe vor allem seine Ausweisung aus dem Land erreichen[2]. Diese Folgen sieht die „Lex Julia de adulteriis coercendis" als Strafe für den Geschlechtsverkehr eines sozial niedrig stehenden Mannes mit einer unverheirateten, anständigen Frau vor: „sed eadem lege Iulia etiam stupri flagitium punitur, cum quis sine vi vel virginem vel viduam honeste viventem stupraverit"[3].

Die Konsultationen mit Augustin Wurm, Ambrosius Kempf und Theobald Bapst über die Erfolgsaussichten einer solchen Anzeige, die sich auch in dieser strafrechtlichen Frage nur auf die römisch-rechtlichen Quellen beziehen[4], führen schließlich dazu, daß Amerbach die Anklage unterläßt. Die genannten, um Rat gefragten Juristen stimmen zwar zunächst seinen Überlegungen zu, indem sie die Handlungsweise Jölins in diesem Punkt „vermög keyr. Rechten" grundsätzlich für strafbar halten[5], raten im Ergebnis jedoch von einer strafrechtlichen Verfolgung ab.

Wurm räumt zwar ein, daß es „ain verdachtliche sach (sei, Anm. d. V.), dz ain sollicher gestandner mann mit ainer so jungen vnd rychen doch-

---

[1] Die in der Sekundärliteratur für den Begriff stuprum üblichen Übersetzungen „Unzucht" oder „Schändung" sind antiquiert. Der heutige Ausdruck „sexueller Mißbrauch Minderjähriger" beschreibt als terminus technicus einen bestimmten strafgesetzlichen Tatbestand, der den vorliegenden Fall nicht trifft. Es wird im folgenden daher nur die lateinische Form gebraucht.

[2] Nr. 3306 Anm. 3.

[3] Inst. 4, 18, 4. Die in diesem Fall für die honesti vorgesehene Strafe, — Konfiskation der Hälfte ihres Vermögens, — kommt für Jölin nicht in Betracht.

[4] Siehe oben S. 65 f. Die CCC enthält zur Strafbarkeit eines solchen Deliktes übrigens auch keine Bestimmung; zur Behandlung des stuprum in Lehre und Praxis in Italien im ausgehenden Mittelalter Dahm, Strafrecht, S. 425—428.

[5] Bapst an Kempf Nr. 3320 Anm. 1. Wurm legt die Strafbarkeit selbstverständlich zugrunde Nr. 3314.

ter der massen" handelt; ihm scheint die Rolle Susannas in dem ganzen Hergang aber zu zweifelhaft, um das Geschehen allein Jölin anzulasten[6]. Er führt verschiedene Punkte auf (unterschiedliche Zeitangaben über ihr Zusammensein, brieflichen Kontakt), die den Eindruck einer längeren, beidseitig gewollten Verbindung erwecken und konkret das Vorliegen des Tatbestandes eines stuprums unwahrscheinlich erscheinen lassen. Außerdem sei Susanna doch eine „wol erwachsne person" und habe während der ganzen Zeit bisher Jölin niemals vorgeworfen, sie mit „trugnussen, beschyssery oder mit gwalt lyblichen erkennt oder alliciert" zu haben. Daß letzteres aus Einfalt unterlassen worden sei und im übrigen nach herrschender Rechtsmeinung — „vt textvs svnt aperti et glossae multae ..." — nicht schade, führt Amerbach in seiner Entgegnung an[7]; auch wenn ein Mädchen sich freiwillig mit dem Verführer einläßt, wird angenommen, daß sie dies „sollicitata et insidiis inducta" tue.

Während Wurm in seiner Argumentation auf die Verletzung der Interessen und Entscheidungsfreiheit von Susanna selbst abstellt, die strafrechtlichen Konsequenzen für das stuprum also an eine Schadenszufügung für die betroffene Frau knüpft, sieht Amerbach den Rechtsgrund für die Strafbarkeit des stuprum offensichtlich in der Verletzung der familiären Sphäre. Der von ihm genannten Beweisregel, nach der unabhängig vom Verhalten der Frau zunächst das Vorliegen eines stuprum vermutet wird, liegt die Annahme zugrunde, daß durch dieses Delikt in erster Linie nicht die Rechte der Frau, sondern die ihrer Verwandtschaft tangiert werden[8]. Der spanische Jesuit Luis de Molina konstruiert in dem gegen Ende des 16. Jahrhunderts abgefaßten Codex „De iustitia ac iure" einen Straffall, in dem in diesem Zusammenhang die Verletzung der väterlichen Interessensphäre ausdrücklich herausgestellt wird. Dort heißt es: „Quando virgo se ad stuprum obtulit, aut sine suasione statim ad petitionem stupratoris consensit, quamvis ei virgini non censeatur iniuria facta, quia volenti non fit iniuria, ... nihilominus, si sub patria erat potestate, patri censetur facta iniuria, ac proinde suo nomine, et non filiae, agere poterit iniuriam actione adversus stupratorem"[9]. Auch Amerbach handelt hier in dieser Tradition als Familienoberhaupt. Die Annahme einer strafbaren Handlung Jölins scheint jedenfalls aus anderen als familiären Gründen nach allem, was

---

[6] An Amerbach Nr. 3314.

[7] Antwort auf Nr. 3314, Nr. 3317.

[8] So die mittelalterliche italienische Strafrechtslehre und -praxis zu allen Sittlichkeitsdelikten, Dahm, Strafrecht, S. 408/409 und 425.

[9] Luis de Molina, De iustitia, Disputatio 104. André Stoll versucht mit diesem Zitat, die Don Juan-Problematik aus juristisch-moralischer Sicht neu zu erhellen („El Burlador de Sevilla im Konfliktfeld zweier Rechts- und Ehrsysteme", unveröffentlichtes Manuskript).

bisher über die Beziehung zwischen Jölin und Susanna bekannt ist, weit hergeholt und die Einschätzung Wurms über das Verhältnis mehr dem zu entsprechen, was zwischen den beiden vorgefallen ist. Von seiner Position aus kann Amerbach jedenfalls auch die weiteren Einwände Wurms im einzelnen zurückweisen. Daß Susanna eine „wol erwachsne person" sei, schade nichts, da das Gesetz bei einem stuprum nicht hinsichtlich des Alters und der Reife der Frau differenziere — außerdem sei Susanna erst 13 Jahre alt geworden. Die unterschiedlichen Zeitangaben über das Geschehen begründeten keine Zweifel an dessen Vorliegen, das durch das Kind ja eindeutig bewiesen werde, und schließlich habe sich der briefliche Verkehr auf die Schwangerschaft bezogen und könne an der Tatsache des stattgefundenen stuprums nichts mehr ändern. Da außerdem in dem beabsichtigten Verfahren dem Mann die Beweislast dafür obliege, daß die Frau keine Jungfrau mehr gewesen sei — „stupratori virginem fuisse negaturo onvs probandi incumberet" — ist nach Amerbachs Ausführungen die Lage für eine entsprechende Anklage Jölins durchaus günstig.

Im Gegensatz zu Wurm macht Theobald Bapst seine Bedenken gegen eine Einleitung eines strafrechtlichen Verfahrens nicht am konkreten Sachverhalt fest, sondern verweist auf die in den Fällen des stuprum bestehende Diskrepanz zwischen Recht und Rechtswirklichkeit: „So habenn jr vch doch selbs wol zu wyssen, das die geschribne keyserliche recht jnn disem fall nit jn vbung vnnd bruch sindt, dan es werden täglichen vil junger tochtere verfellt, aber die straff der geschribnen rechten wurdt wider sie nit furgenommen. Desshalben ich wol sagenn mag: iura, que non sunt in obseruantia, pro non scriptis habentur"[10].

Nach dieser Information von Bapst erübrigt sich eine weitere Diskussion über den Erfolg einer solchen Anklage aus dem Strafgrund heraus; es ist anzunehmen, daß Amerbach, der Wurm gegenüber noch so engagiert und sorgfältig den Tatbestand des stuprum zu belegen versucht hatte, auf Grund dieses Hinweises von Bapst zu einer realistischen Einschätzung der Erfolglosigkeit des von ihm geplanten Vorhabens gekommen ist[11]. Ihm war außerdem sehr daran gelegen, daß das Geschehen um Susanna nicht allzu öffentlich wurde[12] — ein Gesichtspunkt, den auch Bapst anspricht „Zu dem gedenck ich, das durch solliche straff die tochter, so stupriert ist, zu mehr schand vnnd schmach

---

[10] Schreiben an Kempf, das dieser Amerbach übermittelt, Nr. 3320 Anm. 1.

[11] Die Tatsache, daß Amerbach ein Jahr später bei der Begutachtung der von Herzog Christoph geplanten Änderung der württembergischen Eheordnung vorschlägt, hierin einen Straftatbestand über das stuprum aufzunehmen, wird seinen Grund in den mit Susanna gemachten Erfahrungen haben (vgl. Köhler, Amerbach und die Eheordnung, S. 67 und 73).

[12] Vgl. auch schon oben S. 75.

dardurch gebracht wurde, desshalbenn meins erachtens besser, das dise sach vnderlassen plibe". Über diesen im Sommer 1550 stattgefundenen Gedankenaustausch hinaus hat Amerbach in der Sache, soweit dies aus den in der Amerbachkorrespondenz edierten Briefen hervorgeht, nichts mehr unternommen und ist offensichtlich, wie in seiner ersten Anfrage schon angekündigt, dem Rat der anderen gefolgt: „Jch bin jn der sach suspect, deshalb mag ich wol liden, ander doctor meinvng (ze)vernemmen"[13].

[13] Nr. 3311.

7. Susannas Eintritt in das Kloster

Entgegen den Plänen ihrer Familie, die den Aufenthalt Susannas in dem Kloster St. Agnes zu Freiburg nur als vorübergehende Unterbringung geplant hatte, war Susanna am 21. August 1552 mit Ablegung der Gelübde endgültig in das Kloster eingetreten. Über zwei Jahre lang hatte die Familie versucht, diese Entscheidung zu beeinflussen und zu verhindern, — und mußte sich dann doch geschlagen geben. Angekündigt hatten sich diese Schwierigkeiten schon zwei Monate nach ihrer Unterbringung im Kloster. Ende Mai 1550 teilt Susanna in ihrem ersten Brief an Amerbach ihre Absicht mit, auch nach Beendigung des Eheprozesses das Kloster nicht zu verlassen und „ein frume kloster frouw" zu werden[1]. Diesen Willen, gefaßt aus „liebe zu disem wirdigen conuenten", wiederholt sie eindringlich in folgenden, im Juli und Dezember geschriebenen Briefen: „Das ist, das ich so gern wolt min leben in dem erlichen gotzhus ferschlissen" oder an anderer Stelle „das ich beger von gantzem hertzen, disem wirdigen conuent ver glicht zu werden mit dem heligen ordens kleit"[2].

Über diese Äußerungen hinaus teilt sie über ihre Motivation und die Gründe für diese Entscheidung nichts mit. Auch sonst enthalten ihre Briefe keine Informationen, die Einblick in ihr Leben und persönliches Befinden in dem Kloster gewährten[3]; sie erschöpfen sich in Dankbarkeitsbezeugungen für bisher erwiesene Fürsorge und Unterstützung, die Hoffnung auf weitere Förderung bei der Verwirklichung ihrer Lebenspläne und das Versprechen, für den Adressaten und dessen Familie zeitlebens zu beten. Sie sind alle in einem etwas frömmelnden Ton geschrieben und machen teilweise einen verzweifelten, deprimierten Eindruck[4]; diesen auf ihre Hin- und Hergerissenheit in dem Widerstreit

---

[1] Nr. 3286.

[2] Nr. 3318 und 3377.

[3] In der den Dominikanerorden betreffenden Literatur ist das Kloster St. Agnes bisher noch nicht Gegenstand einer eingehenden Untersuchung geworden. Die Dominikanerinnen führten allgemein ein beschauliches Leben und sollten in erster Linie das apostolische Wirken des männlichen Ordens durch Gebet und Gottesdienst unterstützen (Wilms, Geschichte, S. 22/23 und 34/35). Gand weist dies für das Kloster Maria-Reuthin zum Beispiel auch nach (Maria-Reuthin, S. 213/214); von Krankenpflege- und Unterrichtstätigkeit der Dominikanerinnen berichtet dagegen Däniker-Gysin für das Kloster Töß (Töß, S. 54).

[4] Siehe insbesondere die Briefe Nr. 3286 und 3394.

familiärer und klösterlicher Ansprüche zurückzuführen, dürfte keine unzulässige Spekulation sein. Inwieweit die Briefe stilistisch und inhaltlich allerdings überhaupt authentische Lebensäußerungen Susannas sind, läßt sich nicht mit Sicherheit feststellen. Amerbach jedenfalls geht davon aus, daß dieses nicht der Fall war; sie sind seiner Meinung nach „also gestelt, das solche pfyl nitt vss irem kocher kummen sin"[5]. Auch in den Briefen selbst finden sich Hinweise, daß sie diktiert oder zumindest korrigiert worden sind[6].

Für das Kloster war der Eintritt Susannas wegen ihres Reichtums von großer wirtschaftlicher Bedeutung. Susannas väterliches Erbe betrug etwa 5500 Gulden und damit nur „etwas weniger, als was Erasmus in seinem langen Leben erspart hatte"[7]. Daß Susanna nun in ihrer Unerfahrenheit nicht Informationen über sich und das Klosterleben nach außen gab, die ihrer Familie Material und Gegenargumente in der Frage des Klostereintritts an die Hand gegeben hätte, läßt eine Überwachung ihrer Korrespondenz wahrscheinlich erscheinen. Zunächst kann Amerbach den Beginn des Noviziats, des einjährigen Probejahres, das der Gelübdeablegung und dem endgültigen Klostereintritt vorausgehen mußte, noch herauszögern; sein Argument, „domit man nit mög sprechen, jr fruntschafft hab sy gezwungen" — wegen der Geschehnisse mit Jölin — scheint Susanna überzeugt zu haben[8]. Mehr als ein Jahr verstreicht, bis sie ihm im Juli 1551 mitteilt, am 5. August das Ordenskleid anlegen zu wollen[9].

Daraufhin reitet Amerbach zu vermögensrechtlichen Verhandlungen nach Freiburg. Mit Theobald Bapst, Hans Verler, Andreas Faller und Frantz Ber als Schiedsherren — allesamt angesehene Freiburger Bürger — dem Klosterpfleger Hans Burger und der Priorin kommt es zu einer Vereinbarung über die Aufteilung von Susannas Vermögen im Fall ihres Klostereintritts[10].

---

[5] In seiner Darstellung vor Nr. 3223 (hier S. 355).

[6] Nach den Anmerkungen des Herausgebers der Amerbachkorrespondenz ist der Brief Nr. 3318 von einer Vorlage abgeschrieben (siehe dort Anm. 1 und 2) und enthält der Brief Nr. 3440 zahlreiche Korrekturen und Ergänzungen von fremder Hand (siehe dort Vorbemerkung).

[7] Hartmann, Familiäres, S. 52. Hartmann legt dabei nur ein Vermögen von „mindestens 4500 Gulden" zugrunde; Amerbach spricht jedoch von „ongeferlich vff die fünffthalb thvsend guldin" (Nr. 3541).

[8] Vgl. Nr. 3405.

[9] Nr. 3440.

[10] Zur Beteiligung dieser Personen vgl. Notiz Amerbachs vor Nr. 3440 und Nr. 3541 a. E. Biographische Nachweise über Verler finden sich nicht; über Faller vor Nr. 3154, Ber vor Nr. 3137, Burger Nr. 3541 Anm. 4 (zur Tätigkeit auch *weltlicher* Verwalter in den Dominikanerinnenklöstern Wilms, Geschichte, S. 44—47).

Nach mittelalterlichem germanischem Recht wurden diejenigen, die in einen Orden eintraten, mit Ableistung des Gelübdes „von der Welt für tot geachtet“[11] und waren damit vermögens- und erbunfähig. Ihr gegenwärtiges Vermögen fiel als Erbschaft den entsprechenden Erben an und ging nicht an das Kloster über. „Per professionem Monasticam non sit tacita bonorum deducatio“, mit diesen Worten beschreibt zum Beispiel Dumoulin in einem unten noch ausführlich zu behandelnden Gutachten diese in ganz Gallien auf Grund der consuetudo geltende Rechtsfolge[12]. Ebenso war künftiger Vermögenserwerb, welchen Grundes er auch immer sei, für den Eintretenden ausgeschlossen, und auch das Kloster trat hier nicht an seine Stelle; „professi in Monasteriis amplius non succedunt cognatis, ut incapaces, nec Monasterium pro eis“, auch hierauf weist Dumoulin einmal in seinem Gutachten hin[13]. Die Fortgeltung des germanischen Rechts des „Klostertodes“ wäre den wirtschaftlichen Interessen der Familie Amerbach / Fuchs sehr entgegengekommen und hätte eine vermögensrechtliche Vereinbarung mit St. Agnes überflüssig gemacht — war doch auch gerade wegen dieser Folge des Klostertodes in vielen Fällen die Ablegung der Gelübde als Mittel benutzt worden, der Zersplitterung von Familienvermögen entgegenzuwirken[14].

Demgegenüber waren die vermögensrechtlichen Fragen des Klostereintritts im römisch-kanonischen Recht völlig anders geregelt[15]. Die justinianischen Rechtsquellen beruhen auf dem Gedanken, daß „viros et mulieres cum corpore et anima ipso ingressu ad monasterium dedicare se suasque substantias“[16]. Nicht nur das Vermögen des Eintretenden, das dieser im Augenblick der Gelübdeablegung besitzt, geht auf das Kloster über, sondern auch alles, was er künftig erwirbt. Klostermitglieder sind nach wie vor zur Testat- wie Intestaterbfolge berufen, ihre Erbfähigkeit bleibt in vollem Umfang bestehen[17]. Dieses den Klöstern wohlwollende und ihnen Vermögensquellen eröffnende Recht war in

---

[11] Glosse zum Sachsenspiegel I, 25, 3 (zitiert nach HRG, „Klostertod“).

[12] Rdnr. 29 S. 851.

[13] Rdnr. 30 S. 852.

[14] Hübner, Grundzüge, S. 48/49.

[15] Mit der diese Fragen und das Mönchswesen überhaupt betreffenden Gesetzgebung griff Justinian nicht selbständig in das Klosterleben ein, sondern hielt sich im wesentlichen an die schon bestehenden Verordnungen der Päpste, Konzilien und Bischöfe, — die Gesetzgebung erfolgte hier also im engen Anschluß an das kanonische Recht (Siepen, Vermögensrecht, S. 15; Stillhart, Klösterliche Verbandsformen, S. 29/30; Knecht, Justinianisches Kirchenvermögensrecht, S. 55—66).

[16] Nov. 76 pr; vgl. auch Nov. 5, 5 und 123, 38.

[17] C 1, 3, 54, 3; das Erbrecht des Klosters gegenüber seinen Mitgliedern betreffen C 1, 3, 20 und Nov. 76 und 123, 37—39.

Deutschland Mitte des 16. Jahrhunderts bereits rezipiert[18]. Für andere süddeutsche Dominikanerinnenklöster, zum Beispiel für St. Katharinental im Thurgau und für das Kloster Töß bei Zürich, läßt sich die Vermögens- und insbesondere Erbfähigkeit der Klosterfrauen nicht nur positiv anhand von entsprechenden Vermögensübergängen feststellen, sondern kann auch negativ aus den damals üblich werdenden Erbverzichten der eintretenden Frauen geschlossen werden[19].

Ohne das gemeine Recht abändernde vertragliche Bestimmungen wäre also mit dem beabsichtigten Klostereintritt Susannas nicht nur der ihr bereits zugefallene väterliche Erbteil an St. Agnes übergegangen, sondern dieses hätte zudem noch Ansprüche auf die ihr zukünftig zufallenden Erbschaften. Um dies zu verhindern, wurde im Sommer 1551 von den obengenannten für den Fall der Gelübdeablegung von Susanna folgende abweichende Aufteilung ihres Vermögens vereinbart: Unter Verzicht auf weitergehende Ansprüche, „wie die ein nammen haben oder dragen mechten", sollte das Kloster neben einer einmaligen Zahlung von 2000 Gulden den von Susanna ererbten Hausrat und das Silbergeschirr erhalten, sowie als „lypgeding" jährlich 75 Gulden, die beim Tod ihrer Mutter auf jährlich 100 Gulden erhöht werden sollten. Susannas Kind sollten „vier oder fünffhundert gvldin" zustehen, von denen zunächst dessen Erziehung und Unterhalt finanziert werden sollte, der Rest dann, „so es ze sinen tagen kumpt", das heißt volljährig wird[20], ausgezahlt werden. Für den Fall, daß es „darzwischen oder on kindt absturb", sollte das noch vorhandene Vermögen an Alban oder seine Erben fallen[21]. Etwa die Hälfte von Susannas Vermögen verbleibt nach diesem Vertrag also von vornherein in der Familie Fuchs; mit dem Verlust des übrigen Vermögens findet sich die Familie offensichtlich ab.

Entgegen dieser Vereinbarung errichtet Susanna im Oktober 1551 ein Testament, in dem sie ihrem Kind den Pflichtteil vermacht, im übrigen aber das Kloster zum alleinigen Erben ihres Vermögens einsetzt: „do mitten vnd das kind jn legittima instituiert vnd das Closter vniuersalem heredem gesezt hatt"[22]. Als 16jährige war Susanna testierfähig und konnte eine solche Verfügung wirksam treffen[23]. Jedoch versucht

---

[18] Zur weiteren Entwicklung dieses Rechts, insbesondere der Übernahme der deutsch-rechtlichen Regelung im ALR Hübner, Rechtsgeschichte, S. 48/49 und HRG, „Klostertod".

[19] Nachweise für St. Katharinental bei A. Müller, St. Katharinental, S. 41/42, für Töß bei Däniker-Gysin, Töß, S. 47/48.

[20] Hierzu HRG „Alter".

[21] Die Zitate sind der Inhaltsangabe entnommen, die Amerbach gegenüber Schirin und Alban von der Vereinbarung macht (Nr. 3541).

[22] Mitteilung von Bapst, Nr. 3475. Zum Pflichtteilsrecht des nichtehelichen Kindes siehe noch unten S. 97.

allein Alban hieraufhin, sofort mit ihr Kontakt aufzunehmen, was sie allerdings ablehnt. Amerbach selbst greift erst im Sommer des darauffolgenden Jahres ein; bis dahin hat er anscheinend noch damit gerechnet, daß Susanna ihren Entschluß, im Kloster zu bleiben, revidieren würde[24]. Erst ihre Ankündigung, Ende August, das ist nach Ablauf ihres Probejahres, „die profess", die ewigen Gelübde, abzulegen[25], veranlaßt ihn, alle zur Verfügung stehenden Druckmittel einzusetzen, um wenigstens die Einhaltung der getroffenen vermögensrechtlichen Absprache durchzusetzen und die Aufhebung der testamentarischen Verfügung zu erreichen.

Schirin, Alban und Ulrich Iselin von Familienseite[26], Theobald Bapst und die übrigen an den Vergleichsverhandlungen beteiligten Herren sollen bei dem Kloster und Susanna persönlich vorsprechen und auf Erfüllung der Vereinbarung bestehen[27]. Schirin prophezeit unter Hinweis auf die Halsstarrigkeit und den Unverstand Susannas die Erfolglosigkeit eines solchen Unternehmens, zumal die Zeit zur Beeinflussung sehr kurz sei, da sich die Klosterfrauen mit der Profession Susannas eilten, um ihrer habhaft zu werden. Er erklärt sich aber dennoch gern bereit, entsprechend den Vorschlägen Amerbachs in der Sache nichts unversucht zu lassen. Bezüglich der Loyalität der Schiedsherren hat Schirin Bedenken; als Honoratioren der Stadt Freiburg sind diese seiner Meinung nach nicht unparteiisch und vertreten eher die Sache des Klosters: „so ist woll zu gedencken, das die herren zu Frjburg mechten sehen, das vsser irer statt me gutt hin keme"[28]. Im Ergebnis hat Schirin mit seiner negativen Prognose recht behalten. Das Kloster ist nicht bereit, sich an die ursprünglichen Vereinbarungen zu halten; die Schiedsherren machen einen neuen Vergleichsvorschlag, zu dessen Annahme Amerbach Alban nicht raten will, da er ihn „vm dusent guldin eigenthumblich vnd die muter vm 25 fl jerliches lypgeding" bringen würde[29].

---

[23] Die Mündigkeit trat im römischen Recht bei Mädchen mit Ablauf des 12. Lebensjahres ein (Inst. 1, 22, pr; C 5, 60, 3). Zur Testierfähigkeit als Form der Geschäftsfähigkeit Kaser, Privatrecht I, 575; zur Testierfähigkeit speziell der Frau vgl. etwa C 6, 22, pr. und 6 als Beispiel für die Gleichstellung der Geschlechter im justinianischen Recht.

[24] Diese Erwartung äußert er noch am 26. Juli 1552, Nr. 3541.

[25] Nr. 3540; dieser Brief ist in sehr bestimmtem Ton gehalten, enthält aber gleichzeitig eine Einladung zu den Feierlichkeiten anläßlich der Ablegung des Gelübdes.

[26] Amerbach selbst will wegen der schweren Erkrankung seiner Tochter Juliana nicht von zu Hause fort (Nr. 3541) und schickt auf Schirins Bitte hin statt seiner dann Iselin.

[27] Amerbach Nr. 3541.

[28] Nr. 3543.

[29] Amerbach in einem Schreiben an Schirin, Nr. 3545; weiteres ist über diesen Vorschlag nicht bekannt.

Seitens der Familie ist man zugleich entschlossen, Susannas Vermögen nicht freiwillig herauszugeben und macht sich auf eine gerichtliche Auseinandersetzung mit dem Kloster gefaßt: „Lieber her schwager, so verr ir vnd Alban auch disen jungsten fürschlag nitt annemmen, ... so hapt ir nicht anders zewarten, dan das die nonnen euch rechtlich fürfordern werden“[30]. Wie sicher Amerbach mit einer Herausgabeklage der Nonnen rechnet, zeigen seine konkreten Prozeßvorbereitungen. Als Prokurator ist schon Magister Johannes Waderos[31] angefragt worden; ein Advokat muß allerdings noch gesucht werden, da es sich keineswegs gebühre, „das in dem fhal ich oder auch doctor Vlrich jn der sach advocirn oder den nammen dragen“[32]. Das Versprechen, außerhalb des Verfahrens alles erforderliche und mögliche an Hilfe und Unterstützung zu gewähren, löst Amerbach dafür später in vollem Umfang ein.

Die direkte, offene Konfrontation mit dem Kloster und Susanna wird eingeleitet mit seiner Antwort auf die Einladung zur Profession[33]. Amerbach hatte in den Sommern der Jahre 1550 und 1551 Susanna insgesamt dreimal im Kloster besucht, darüberhinaus jedoch keinen direkten Kontakt zu ihr gehabt[34]. Sein erster an sie gerichteter Brief enthält nun ganz massive Vorwürfe wegen ihres Entschlusses, ins Kloster einzutreten und stellt einen letzten Versuch dar, in diesen Entscheidungsprozeß einzugreifen und sie zum Aufgeben ihres Planes zu bewegen[35]. In eindringlicher Rede stellt er ihr die Strafe Gottes in Aussicht, falls sie nicht von dem jetzt eingeschlagenen Weg abweiche. Sie handle mit ihrem jetzigen Entschluß gegen den Willen ihres Vaters und erweise diesem und ihm, der nach dessen Tod an seine Stelle getreten sei, nicht den Respekt und Gehorsam, den sie ihm als Tochter schuldig sei. Einige Zitate aus diesem Schreiben mögen Amerbachs Engagement hier verdeutlichen: „Es hatt din lieber vatter selig nitt allein by siner gesuntheitt, sonder auch jm todtbett mir dich vnd dine geschwisterte vff das drüwlichest befolhen, auch sin letster will gewesen, das ir alle sampt vnd sonders jn minem willen leben mir als euwerem vatter gevolgig, gehorig vnd gehorsam sin sollten. ... was ich jn sonderheitt deinett halb mye, arbeyt vnd driebsall jngenummen, du aber

[30] Amerbach in Nr. 3545.

[31] Waderos war Freiburger Universitätsnotar und später Prokurator in Ensisheim, also ein qualifizierter Jurist, Nr. 3545 Anm. 7.

[32] Amerbach in Nr. 3545.

[33] Siehe oben S. 84 Anm. 25.

[34] Die Besuche waren erfolgt am 11. Juni 1550 (Nr. 3405 Anm. 1), 5. August 1550 (Nr. 3377 Anm. 2) und 28. Juli 1551 (vor Nr. 3440). Die zur Betreibung der Prozesse erforderlichen Befragungen und Kontakte hatte Amerbach durch Kempff vornehmen lassen, der Susanna des öfteren aufgesucht hatte (vgl. Nr. 3311, 3320, 3375).

[35] Nr. 3544.

durch din vermessenlich fürnemmen aller fruntschafft vnd gutthatt wenig jngedenck, dines lieben vatters befelch vnd min wolmeinvng auch hertzlichen druwen rhat vnd gutbedundken, ... verachtest". Sie kenne ja die Strafen, die „denen vffgelegt, so ire eltern nitt jn Ehren haben". Diese Berufung auf das vierte Gebot, die allgemeine Gehorsamspflicht von Kindern ihren Eltern gegenüber, befreit Amerbach von dem Erfordernis, den väterlichen Willen im vorliegenden Fall konkret zu begründen. „Volgest du mir, so thvst du, das gott wolgefellig vnd dines lieben vatter seligen jm todtbett entlicher will, auch dir noch dem gebott gottes zu lybs vnd der seel wolfart befurderlich", — auch dieser Schluß ist im Zusammenhang mit der genannten absoluten Gehorsamspflicht einleuchtend und bedarf keiner weiteren Begründung mehr. Der Hinweis auf das Seelenheil scheint allerdings eher rhetorisch; daß es um dieses nicht oder nur sehr vordergründig geht, macht Amerbach im weiteren Verlauf seines Schreibens überdeutlich. Da wirft er Susanna wegen der Testamentserrichtung Hartherzigkeit und Treulosigkeit ihrem Bruder gegenüber vor, der doch „stamm vnd nammen erhalten" soll und wundert sich, „das auch geistliche lut (wie man sy nempt) lyplichen oder zytlichen dingen so streng nochhengen". Es folgt die direkte Kampfansage: Wenn schon wegen der nicht zufriedenzustellenden Ansprüche des Klosters „gezanckett vnd gehadert" werden müsse, so hoffe er zu Gott, daß Susanna und ihr Kloster in dem Rechtsstreit unterliegen werden und nach „vilfaltiger mye, arbeyt vnd grossen vnkosten" auch noch das verloren haben werden, was ihnen jetzt im Wege gütlicher Einigung angeboten werde.

Beigefügt ist diesem Brief ein Schreiben von Jacob Truckhenprot, seit 1541 Pfarrer zu Sankt Theodor in Basel[36], das dieser offensichtlich im Auftrag Amerbachs an Susanna richtete. Truckhenprot bezeichnet Susanna in dem Brief als eines seiner „leer khinder", die er nicht nur in Lesen und Schreiben, sondern auch in der wahren Religion, Glauben und Gottesfurcht, in guten Sitten und Tugend unterrichtet und erzogen habe[37]. Susanna hat demnach eine Art von öffentlichem Unterricht und allgemeiner Schulbildung genossen. Die von Truckhenprot genannten Lehrinhalte müssen zu den dem bürgerlichen Zivilisationsstand entsprechenden elementaren Grundkenntnissen und den hier erforderlichen Regeln für die Lebensführung gehört haben; anders ist nicht zu erklären, daß Leonhart Fuchs, der auf die Ausbildung seiner Kinder nicht allzu großen Wert legte, seiner Tochter dieses Wissen vermitteln ließ, denn Frauen und Mädchen waren zur damaligen Zeit die allgemeinen

[36] Eine Transkription dieses Briefes findet sich als Anhang dieser Arbeit. Truckhenprot war Gemeindepfarrer der Familie Amerbach (biographische Nachweise Nr. 2806 Anm. 8 und Nr. 3544 Anm. 3).

[37] Wenn man davon ausgeht, daß dies noch in Neuenburg geschehen ist, war Susanna dabei noch nicht einmal 6 Jahre alt gewesen.

Ausbildungschancen zur Wissensaneignung und persönlichen Bildung grundsätzlich noch verschlossen[38]. Auf die fehlenden Lateinkenntnisse Susannas weist Truckhenprot ausdrücklich hin und benutzt diese als Argument für die Unsinnigkeit ihres Vorhabens, zur Erlangung der Gnade Gottes ins Kloster zu gehen; denn dort „bettest (du, Anm. d. V.) in solcher sprach, die du nit verstast. Du hörst dich selbs nit, vnd wilt das dich gott verstandt vnd erhöre“[39]

Seine Kritik an ihrem Entschluß zum Klostereintritt verbindet er im übrigen mit einem radikalen Angriff auf das Mönchtum schlechthin. Ist dieses schon in der Theorie und insbesondere in der Praxis generell eine menschliche, gegen Gott gerichtete Erfindung, so bedeutet speziell für Susanna der Eintritt in ein Kloster der sichere Weg zur ewigen Verdammnis. Denn sie verstößt damit gegen das zentrale göttliche Gebot des den Eltern von ihren Kindern geschuldeten Gehorsams: „Ja, du schendest deinen frummen herrn vnn vatter seligen vnderm grundt, der in seinem todtbetth — dwil er dich wol kandt vnn gwust hatt, dz du frylich kain nonnenflaisch an dir hast ... — seinen liebsten herrn vnd tochtermannen Doctor Amerbach gebetten vnd befolhen, das er ... dir ain man zu Baßel geben solle; das waistu vnd mengklich, das sollichs deines ehrenliebenden vatter seliger gedechtnus letster will vnn maynung ist gesein ...“. Der väterliche Wille ist also eindeutig und Susanna wird sich auf einen Irrtum über diesen zur Rechtfertigung ihres Ungehorsams nicht berufen können. Truckhenprot kommt sodann zum nächsten Aspekt, unter dem der Klostereintritt für Susanna so verderblich sein wird. Christliche Seligkeit erlangt nur der, der „sein aigne art vnn natur“ erkennt und ihr gemäß lebt. Diesen Punkt berücksichtigt Susanna nun aber überhaupt nicht: „Ach, wie ubel felstu da. Du kenst dich selbs nit vnd nymbst deinen selbst warlich nit war. Du gedenckst nit, das du plut vnd flaisch bist, darzu hubsch, frisch, jung vnd starck. Das du von gott erschaffen bist, das du ain muter sein vnd kinder geperen kanst, welchs du auch mit der that bewysen hast“. Die sichere Prognose, daß sie letztlich doch „nit pliben, sonder heruß gon oder — wie man sagt — auss dem closter lauffen“ wird, stützt er denn

[38] Ariès, Kindheit, S. 418—422, 461/462 und 511/512. Daß Fremdsprachenkenntnisse nicht zu diesem Mindestausbildungsstand gehörten, kann aus den nur in deutscher Sprache verfaßten Briefen an und von Frauen in der Amerbachkorrespondenz geschlossen werden. Hartmann berichtet auch, wie Montaigne aus Avignon seinem Freund in lateinischer Sprache Torten- und Kuchenrezepte mitteilt, die Amerbach dann zu Hause den Frauen übersetzt (Familiäres, S. 46/47), — Jean Montaigne war mit Amerbach zusammen Schüler von Alciat, nach seinen juristischen Studien Dozent, dann Anwalt (weitere biographische Nachweise vor Nr. 884). Bonifacius Amerbach selbst hatte früher seiner Mutter stets in deutscher, seinem Vater dagegen in lateinischer Sprache geschrieben (Nr. 366—368, 373, 384, 388, 390 etc.).

[39] Auch Däniker-Gysin berichtet für das Kloster Töß, daß Lateinkenntnisse der Nonnen sehr selten gewesen sind (Töß, S. 55/56).

auch darauf, daß Susanna „in solche brunst, flaischle lust vnd anfechtung fallen — denn du kain closterflaisch an dir nit hast — ...“ wird.

Daneben greift er die monastischen Ideale, die durch Ablegung der Gelübde verwirklicht werden sollen, grundsätzlich an. Armut, Gehorsam und Keuschheit sind nach Truckhenprot Dinge, die nach dem göttlichen Heilsplan von jedem Christen in seinem Leben verwirklicht werden können und müssen; sich hierzu um des eigenen Seelenheils willen von der Welt abzusondern, widerspricht dem Willen Gottes. Zur Erläuterung dieser Ansicht wählt er das Beispiel des Jünglings, den Christus auf seine Frage, was er tun solle, um ins Himmelreich zu kommen, auf die Einhaltung der 10 Gebote verweist. „Hörstu“, folgert Truckhenprot, „... er haist in nit in ain closter gon ...“. Die Gottlosigkeit insbesondere des Keuschheitsgelübdes, mit dem sich Truckhenprot am meisten beschäftigt, beweist er mit dem von Gott selbst eingesetzten Ehestand, „welches der allerhayligest standt vnd orden vff erden. Dann khain engel, kain pabst, khain hailg oder munch oder nonn hat inn auffgesetzt ...“.

Führt also die Ablegung der Gelübde an sich schon zur Verdammnis, so wird alles noch schlimmer und lasterhafter, wenn man sich ansieht, wie die Klosterleute dann tatsächlich leben und mit den Gelübden umgehen. Truckhenprot beginnt wiederum mit dem Keuschheitsgebot: „Wie kuisch vnd rhayn die closterleut leben vnd solches glubt halten, ligt layder zevil am tag — wil der grusamen haimlichen vnkuischait geschwigen — das sy vnrhainer seindt den die böck“. Auch mit ihrem Gehorsam sei es nicht weit her; auf Grund der klösterlichen Zurückgezogenheit erlaubten sie sich, alle sozialen Verpflichtungen ihren Eltern und der Allgemeinheit gegenüber zurückzuweisen, was doch „ain ware vnchristliche, offenliche vngehorsame wider gott ... die elteren vnd ... die oberkait“ sei. Egoistisch und anmaßend wie sie selbst dem Gemeinwesen gegenüberstünden, „mus man sy dennocht schutzen, schirmen, sy nehren, vnd seindt sy niemandt verpflicht den inen selbs“. Auch von dem Armutsgelübde bliebe in der Realität nichts übrig. „Armut globen sy vnn seindt richer denn kayser vnd könig. Dann wo ist grösser richtumb, ... besser leben vnd schönerer lust denn in den clöstern.“

Diese Schilderung Truckhenprots von den Mönchen und Nonnen als moralisch verkommene, parasitär lebende Gruppe enthält die typischen Vorwürfe, die insbesondere von den Reformatoren gegenüber dem Mönchtum erhoben wurden[40]. Der Gedanke liegt nahe, daß Truckhen-

---

[40] Zu Luthers Auseinandersetzung mit den Mönchsidealen siehe Lohse, Mönchtum und Reformation, S. 227. Zur Illustration der antimonastischen Stimmung vieler Gelehrter der Reformationszeit sei hier aus einer Schrift von Andreas Alciat (1492—1550), der „Epistola contra vitam monasticam“, zitiert. Alciat hatte das Manuskript dieser Abhandlung, die in Form eines

prot Amerbachs Bitte ein willkommener Anlaß zu dieser Generalabrechnung mit dem römisch-katholischen Klosterleben war. Am Ende seines Briefes scheint es jedenfalls nicht mehr denkbar, daß ein ordentlicher Christ auch nur eine Sekunde in einem solchen Kloster bleiben kann. Truckhenprot beschwört Susanna denn auch förmlich, das Kloster zu verlassen und zu ihrer Familie zurückzukehren, wo sie in einer Woche mehr Freude erleben könne — und zudem mit Gottes Segen — als im Kloster in einem ganzen Jahr. Er spricht dann auch noch direkt und drastisch die wirtschaftlichen Interessen an, die das Kloster an ihrem Eintritt hat: „Man sucht warlich nit dich, sonder dein gut — das ist closterarmut — wenn du nichts hettest, sy sehen dich nit an. Wenn du heut die profession thättist, möchten sy lyden, das du morn sturbist vnd glich ain andere, deins glich khäme". Daß die Nonnen aus dieser Habgier heraus alles tun werden, um Susanna „zu verzaubern und zu bereden", damit sie im Kloster bleibt, ist für Truckhenprot klar: „Man ubersiecht dir jetzt vnd last dir wider ir regel vnd bruch — das wais ich — vil nach, byß das man dich behändiget vnd mit disen gottlosen vnchristennlichen glubten verbindt... Alsdann wirt es vil vil ain anders mit dir vnd vmb dich werden". Nachdem sich seine Argumentation bisher auf den Verlust ihres ewigen Lebens und Heils bezogen hatte, stellt Truckhenprot damit Susanna auch für ihr künftiges irdisches Leben Schwierigkeiten und Freudlosigkeit in Aussicht — sein letztes Argument, sie zum Verlassen des Klosters zu bewegen.

---

an einen Freund anläßlich dessen Klostereintritts gerichteten Briefes gehalten ist, zu seinen Lebzeiten unvorsichtigerweise aus der Hand gegeben und zeit seines Lebens große Angst vor einer Veröffentlichung gehabt. Mehrmals bat er Erasmus von Rotterdam, in dessen Hände die Schrift gelangt war, sie zu verbrennen. Erasmus hat diesem wohl aus Karrieregründen entstandenen Wunsch keine Folge geleistet, — etwa 150 Jahre nach Alciats Tod wurde die Schrift unter großem Aufsehen veröffentlicht und 5 Jahre nach ihrer Veröffentlichung, im Jahr 1770, auf den Index gesetzt (zum Schicksal dieser Abhandlung von Moeller, Andreas Alciat, S. 46—48). Inhaltlich stimmt Alciats Kritik mit der Truckhenprots überein und richtet sich ebenso gegen das müßige, parasitäre, von allen das Gemeinwesen betreffenden Aufgaben und sozialen Verantwortlichkeiten zurückgezogene Leben der Klosterleute. Als Vorbild hält er ihnen zum Beispiel die einer sozialen Verpflichtung entspringende missionarische Tätigkeit der Apostel vor Augen und fragt dann: „Num itaque vos ita facitis? Omnis fere Asia cum magna Europae parte Turcarum armis opprimitur, quis est de vestris, qui in eas regiones secedat?" (S. 10/11) oder „Sunt in Bohemia perversi dogmatis sectatores Hussitae, et quisquam vestrum eo profectus est, ut in rectam eos viam deduceret?" (S. 11). An anderer Stelle macht er die Forderung nach dieser der Allgemeinheit dienenden Tätigkeit an der Ordenstracht fest: „Quid enim vult aliud Mullonicus ille cucullio, quo capita contegitis, quam ut peregre cum vaditis a sole et pluvia vos tutos reddat ..." (S. 60). Als Beispiel für den Angriff auf die in der Selbstbezogenheit reich und verschwenderisch ausgestaltete Lebensführung eignet sich folgende Stelle: „Cum saxei pene et indomiti erga omne vitiorum genus videri vultis, qua ratione tam pretiosa palatia, ... tam amoenas ambulationes exornatis, tam magna triclinia, tam politas cellulas, tam compta peristylia aedificatis?" (S. 59/60).

Wie sich gezeigt hat, sind jedoch auch Truckhenprots Bemühungen im Ergebnis alle erfolglos geblieben, und Susanna ist mit Ablegung der ewigen Gelübde in das Kloster eingetreten. Für Amerbach ist dies eindeutig und allein auf die geschickte Manipulation der Klosterschwestern zurückzuführen: „Dan als sy, die kloster frawen, vernvmmen, das sy ettwas thvsendt gvlden haben sollen, können wir nitt anders achten, (dan) das sy nichts gespart, darmitt sy solchen (vo(l)gel jn den schlag brechten, das also die einfaltig dochter, so nie kein nonnen fleisch, allecta vnd circumventa derart vnd also den orden anzenemmen persuadirt worden" ist[41].

Als *ein* Aspekt ihres Klostereintritts ist die Beeinflussung Susannas aus wirtschaftlichen Interessen heraus sicherlich nicht auszuschließen. Ohne über willkürliche Annahmen einen Hergang konstruieren zu wollen, lassen folgende Überlegungen jedoch die Angelegenheit komplexer erscheinen, als sie sich von Amerbachs Sicht aus darstellt. Zum einen läßt sich eine religiöse Bekehrung Susannas in dem Sinn, daß sie persönlich glaubte und überzeugt war, im Klosterleben das ihr von Gott vorbestimmte Leben führen zu können, nicht ausschließen. Zum anderen können aber auch ganz weltliche Gründe bei ihrem Entschluß zum Klostereintritt eine Rolle gespielt haben. Mit dem Eintritt in ein Kloster konnte sie sich dem einzigen gesellschaftlich für sie als Frau vorgesehenen Lebensplan der Eheführung und Kinderaufzucht entziehen und nicht nur der rechtlichen und tatsächlichen Abhängigkeit von einem einzelnen Mann entgehen, sondern sich auch zugleich infolge der hier möglichen Kinderlosigkeit einen persönlichen Freiraum schaffen.

Das Leben, das eine Frau mit Eingehung der Ehe in der Regel erwartete, kann anhand eines Gesprächs, das Erasmus von Rotterdam in den „Colloquia familiaria" zwei Frauen führen läßt, aufgezeigt werden. Dieses Gespräch, in dem die vorbildliche Ehefrau Eulalia ihrer eine schlechte Ehe führenden Freundin Xanthippe Ratschläge zur Verbesserung ihrer Lage gibt, wurde in der Reformationszeit zum Vorbild für zahlreiche ähnliche, sich mit Fragen der Lebens- und Eheführung beschäftigenden Dialoge und eignet sich von daher als exemplarische Dokumentation[42]. Die einzelnen Vorschläge Eulalias lassen sich auf den Gedanken zurückführen, daß es die höchste Ehre für eine Frau ist, ihrem Ehemann zu Willen und gehorsam zu sein: „Summum decus matronae est, morigeram esse suo coniugi. Ita natura comparatum est.

---

[41] Amerbach in der Darstellung vor Nr. 3223.

[42] Das bekannte Ehebüchlein von Erasmus Alberus, Ein gesprech zweyer weiber mit namen Agatha vnd Barbara, ist zum Beispiel eine fast wörtliche Übersetzung des Erasmus-Textes. Zu solchen, im 15. und 16. Jahrhundert sehr beliebten Ehebüchern, die wie Erasmus alle davon ausgehen, daß einer guten Gattin vor allem das Wohl des Mannes am Herzen liegen müsse, vgl. auch E. Schneider, Bild der Frau, S. 43/44.

Ita voluit Deus, ut mulier tota pendeat a viro"[43]. Davon leitet Eulalia dann für die verschiedensten Lebenssituationen und unabhängig vom Verhalten des Mannes die Forderung nach höchster Rücksichtnahme, Einfühlungsvermögen und Sensibilität ihm gegenüber ab und tadelt Xanthippes Verhalten, die sich ihrem Mann offen zur Wehr setzt und dadurch eine Änderung seines Verhaltens herbeiführen will. Gleichgültig, ob der Mann etwa betrunken nach Hause kommt, seine Frau schlägt oder auch ein Verhältnis zu einer anderen Frau hat — stets soll die Reaktion der Frau beschwichtigend und durch Freundlichkeit und Sanftmut bestimmt sein: „Primum mussanda est tibi omnis iniuria mariti, et animus illius officiis, comitate, mansuetudine paullatim est conciliandus"[44]. Denkbar und möglich ist die Aufstellung solcher Eheführungsregeln und Verhaltensforderungen nur vor dem Hintergrund einer umfassenden Abhängigkeit, in der sich eine Frau von ihrem Ehemann befunden haben muß[45] — eine Lage, die auch durch Schilderungen in der sonstigen Literatur bestätigt wird. Mit einer Knechtschaft (servitus) vergleicht zum Beispiel das Speculum virginum, eine im 12. bis 16. Jahrhundert weit verbreitete und angesehene Schrift der Erbauungsliteratur für Klosterfrauen, die Lage einer Ehefrau[46]; Cornelius Agrippa von Nettesheim schildert das Frauenschicksal in der Ehe als Tyrannei[47]. Selbst wenn man diesen Schilderungen aus welchen Interessen auch immer heraus erfolgte Übertreibungen konzediert, bleibt dennoch das Bild weitgehender Unselbständigkeit in der Ehe bestehen. Fehlende Bildung und Ausbildung, „nihil praeter acus et filum concipere permittitur"[48], und die ständige Absorption durch Kinderaufzucht können als erste und Hauptbedingungen hierfür genannt werden, die zu ändern einer Frau in der Regel auch nicht die Mittel und Möglichkeiten zur Verfügung standen[49].

---

[43] Die Zitate sind der Ausgabe von Welzig, Ausgewählte Schriften, entnommen, hier S. 176.

[44] Ausgewählte Schriften, S. 168.

[45] Zur rechtlichen Ausgestaltung der ehelichen Geschlechtsvormundschaft insbesondere auch auf vermögensrechtlichem Gebiet siehe Kraut, Stellung der Frau, S. 13—17 und 27—31 und Bartsch, Rechtsstellung, S. 89—92 und 118—122.

[46] Bernards, Speculum virginum, S. 46—53; im übrigen wird die Ehe in dem Spiegel grundsätzlich positiv bewertet.

[47] De nobilitate, S. 634 der Ausgabe Ffm. und Leipzig 1714; in dieser Schrift stellt Agrippa im übrigen höchst emanzipatorische und weitblickende Überlegungen zur Situation der Frau an.

[48] Agrippa von Nettesheim, De nobilitate, S. 634.

[49] Die gelehrten und gebildeten Töchter von Thomas Morus, der Familie Pirckheimer und Blarer werden als Ausnahmen überall genannt (zum Beispiel auch von Erasmus von Rotterdam in dem Gespräch des Abtes mit der gelehrten Frau (Welzig, Ausgewählte Schriften, S. 263).

Der Eintritt in ein Kloster bot jedoch die Möglichkeit, sich dem zu entziehen; hier im Kreis gleichgesinnter Frauen ein relativ selbständiges, von Ehe- und Familienpflichten entlastetes Leben zu führen, ist als Motiv für einen Klostereintritt durchaus denkbar und vergleichbar mit anderen überlieferten, ebenfalls sehr profanen Gründen für die Wahl des monastischen Lebens. In der Dichtung ist in diesem Zusammenhang fast ausschließlich von enttäuschten Lieben, Verhinderung einer unerwünschten Ehe — eine Situation, in der die Partner selbst oft das Klosterleben dem Leben mit einem ungeliebten Partner vorgezogen haben sollen — Versorgung, Verzicht im Staatsinteresse oder Trauer um den Tod des Ehepartners die Rede[50]. Dementsprechend wird dann auch das Leben im Kloster sehr weltlich ausgestaltet. Die Klagen des Pfarrers Truckhenprot über das lockere und bequeme Leben der Klosterleute bestätigen dabei das Bild vom sinnenfreudigen, weltlichen Genüssen zugeneigten Klosterleben, das seit dem Mittelalter Gegenstand vieler Geschichten und Gedichte ist. Neben der Verspottung der monastischen Ideale in der klassischen Literatur, genannt seien beispielhaft das Decamerone von Boccaccio, der Traktat Contra hypocritas und der Liber facetiarum von Poggio di Guccio Bracciolini sowie die Facetien des Tübinger Humanisten Heinrich Bebel, gab es zahlreiche allgemein bekannte Anekdoten und Erzählungen, die sich vor allem auch mit dem sexuell ausschweifenden Leben der Klosterleute und Kleriker befaßten. Dabei wandten sich die in neulateinischer Sprache verfaßten Verse und Geschichten in Deutschland an ein Publikum mit gelehrter Bildung, die in deutscher Sprache beinhalteten parallel hierzu für jeden verständlich und oft in noch derberer Form dieselben Einschätzungen und Angriffe auf das geistliche Leben; wie in dem Gedicht von Johannes Stigelius aus dem Jahr 1569 „De castitate Monachi" deutet sich oft schon im Titel der ganze Spott an[51].

Daß diese in der Literatur beschriebenen Zustände klösterlichen Lebens nicht allein dichterische Erfindung waren, es aber auch schon lange vor der Reformation innerkirchliche Kritik und Bestrebungen zur Wiederherstellung eines strengen und geordneten Ordenslebens gab, zeigt speziell für den Dominikanerorden die sich seit dem 14. Jahrhundert ausbreitende Reformbewegung, der sich auch das Kloster St. Agnes im Jahr 1465 angeschlossen hatte[52]. Welche Zustände dort

[50] Bernards, Speculum virginum, S. 121; er bezieht sich hierbei vor allem auf die altfranzösische Dichtung des 12.—14. Jahrhunderts. In diesem Zusammenhang von Interesse sind auch die wahrscheinlich von Abaelard und Heloise stammenden Liebesbriefe (Könsgen, Epistulae Duorum Amantium).

[51] Epochen deutscher Lyrik, S. 211. Dort finden sich auch weitere Beispiele. Vgl. hierzu auch die von Bühler zusammengestellten zeitgenössischen Aufzeichnungen aus dem Klosterleben des 13.—15. Jahrhunderts (Klosterleben, S. 327—333 und 476—478).

[52] Siehe hierzu den Bericht des Chronisten des Ordens Johannes Meyer,

allerdings zu Susannas Zeit herrschten, läßt sich aus dem mir vorliegenden Material nicht entnehmen. Für andere, allerdings nicht-reformierte Dominikanerinnenklöster wie zum Beispiel Töß sind jedenfalls noch für das Jahr 1519 reich ausgestattete Zellen und Wohnungen der Nonnen belegt, ebenso ihr freizügiger Umgang mit der Außenwelt und vereinzelt auch ein offenes Zusammenleben von Frauen dieses Klosters mit Geistlichen[53]. Ebenso hat auch die von einer lutherischen Visitationskommission für das Dominikanerinnenkloster Cronschwitz erlassene Verordnung in mehreren Punkten die Unterbindung des Kontaktes der Klosterfrauen zu Mönchen und der Außenwelt zum Gegenstand[54].

Auch unabhängig von dem konkreten Zustand des Klosters St. Agnes kann es nach dem Gesagten für Susanna, abgesehen von einer religiösen Motivation, also durchaus Gründe gegeben haben, die es sie vorziehen ließen, ihr Leben im Kloster zu verbringen und sich dem von ihrer Familie für sie entworfenen Lebensplan zu entziehen. Da über ihr weiteres Leben nichts bekannt ist, bleibt allein übrig, über den Verbleib ihres Vermögens zu berichten. Dabei kann allerdings nur der juristische Streit hierüber, der vor allem erbrechtliche Fragen berührt, wiedergegeben werden; wie dieser ausgegangen ist, bleibt nach dem überlieferten Material offen.

---

der die Reform in diesem Kloster initiierte (Quellen und Forschungen III, 114/115 und 118/119). Einen kurzen Überblick über die dominikanische Ordensreform gibt Heimbucher, Orden, S. 490—493.

[53] Däniker-Gysin, Töß, S. 23, 48, 66.

[54] Thurm, Cronschwitz, S. 98—102.

8. Erbrechtliche Stellung der Tochter Susannas

In diesem Zusammenhang war es zunächst Susannas nichteheliche Tochter, der vermögens- und erbrechtliche Überlegungen galten[1].

Im römischen Recht wurden die nichtehelichen Kinder unterteilt in „naturales“, die einem Konkubinat entspringenden Kinder, und die übrigen illegitimen Kinder, die „spurii“ oder „vulgo quaesiti (concepti)“, das sind diejenigen, „qui patrem demonstrare non possunt, vel qui possunt quidem, sed eum habent, quem habere non licet“[2]. Auch diesen Kindern, die im übrigen privatrechtlich eine wesentlich ungünstigere Stellung haben als die „naturales“[3], steht nach dem Sc. Orfitianum (178 n. Chr.) ihrer Mutter gegenüber ein Erbrecht zu: „Novissime sciendum est etiam illos liberos, qui vulgo quaesiti sunt, ad matris hereditatem ex hoc senatus consulto admitti“[4]. Das lokale Freiburger Stadtrecht von 1520 unterscheidet die nichtehelichen Kinder in „naturliche ledige kinder“ und „unflatskinder“. Erstere sind Kinder unverheirateter Eltern mit einem feststehenden, bekannten Vater; letztere Bezeichnung wird für die Kinder von Geistlichen verwandt sowie für die aus ehebrecherischen oder inzestuösen Verhältnissen stammenden[5]. Während diese Kinder grundsätzlich von jeder Erbfolge ausgeschlossen sind[6], erben „naturliche ledige kindt der muter, so die in ledigen stat abstirpt oder sonst nitt eeliche kindt hatt, gentzlich“[7].

Unter Hinweis auf diese Quellenlage schlägt Amerbach im Dezember 1550 die Errichtung eines Testamentes durch Susanna vor, in dem ihre Tochter von der nach beiden Rechten möglichen Erbfolge ausgeschlossen werden sollte[8]. Die Befürchtung, daß unter Umständen auch

---

[1] Um den sachlichen Zusammenhang zu wahren, geht die Darstellung hier noch einmal in das Jahr 1550 zurück.

[2] D 1, 5, 23.

[3] Siehe hierzu im einzelnen die Darstellung bei Kaser, Römisches Recht II, 156 und Herrman, Uneheliche Kinder, S. 45—49.

[4] Inst. 3, 4, 3.

[5] 8. Titel des 3. Traktats, 1 des Freiburger Stadtrechts von 1520, hier zitiert nach QNPD I/1, 311.

[6] 8. Titel des 3. Traktats, 9 des Freiburger Stadtrechts von 1520, hier zitiert nach QNPD I/1, S. 313.

[7] 8. Titel des 3. Traktats, 3 des Freiburger Stadtrechts von 1520, hier zitiert nach QNPD I/1, S. 312.

[8] In einem Brief an Schirin, Nr. 3374.

Jölin über das Kind, „von wegen sines banckharts“[9], noch Ansprüche auf das Vermögen anmelden könnte, äußert Amerbach in einem Brief an Ambrosius Kempf[10]. Zwar stand nach einzelnen, vor allem norddeutschen Rechten des späteren Mittelalters auch dem Vater eines nichtehelichen Kindes unter bestimmten Umständen diesem gegenüber ein Erbrecht zu[11], doch ist im vorliegenden Fall keine Quelle ersichtlich, auf die Jölin solche Ansprüche hätte stützen können; die Frage hat auch keine weitere Erörterung mehr gefunden.

Ausführlich korrespondiert Amerbach dagegen mit Theobald Bapst über die juristischen Probleme des seiner Ansicht nach geeigneten Testamentsvorschlags. Danach soll Susanna das Testament nach den Vorschriften des Freiburger Stadtrechts errichten und hierin ihre Tochter von der Erbfolge ausschließen. Ihren stattdessen zu Erben eingesetzten Geschwistern soll sie eine Unterhalts- und Aussteuerpflicht der Tochter gegenüber auferlegen, die sich für den Fall des vorzeitigen Todes der Tochter in die Pflicht verwandelt, an eine gemeinnützige Institution eine bestimmte Summe zu zahlen.

Die erste kontrovers diskutierte Frage ist nun, ob die Testamentserrichtung „pro moribvs et solemnibvs Fribvrgensibus“ erfolgen müsse[12], es geht also um die Geltung der Statuten der Stadt Freiburg. Während Bapst deren Anwendung zunächst verneint, da Susanna „vnder derenn von Fryburg oberkheit nit ist“[13], argumentiert Amerbach, daß die Statuten der Stadt für Rechtsgeschäfte der voluntaria iurisdictio auch dann gälten, wenn sich diese auf außerhalb des forensischen Bezirks gelegenes Vermögen bezögen[14]. Diese Überlegungen Amerbachs und Bapsts betreffen einen Aspekt der für die Rezeptionszeit typischen und viel erörterten kollisionsrechtlichen Problematik — lokales versus gemeines Recht[15]. Der Geltungsumfang der partikularen, heimischen Rechtsquellen gegenüber dem eindringenden römischen Recht wurde nach der in Deutschland gleichzeitig rezipierten Statutentheorie bestimmt. Um im späten Mittelalter das partikulare Recht der

[9] Zur Bedeutung dieses Wortes, „auf der Bank gezeugt“, siehe im einzelnen HRG „Bankert“.

[10] Nr. 3398.

[11] Vgl. hierzu Bückling, Uneheliche Kinder, S. 54, 60. Zu den verwandtschaftlichen Beziehungen eines nichtehelichen Kindes zu seinem Vater siehe Bückling, Uneheliche Kinder, S. 48 ff. und Herrmann, Stellung unehelicher Kinder, S. 66 für das deutsche Recht; für das römische Recht Kaser, Privatrecht I, 298 und II, 156 und Hermann, S. 47.

[12] Amerbach an Bapst, Nr. 3399. Geregelt ist die Testamentserrichtung im Freiburger Recht im 5. Titel des 3. Traktats (QNPD I/1, 289—304).

[13] Nr. 3379.

[14] Nr. 3399.

[15] Bapst zitiert in diesem Zusammenhang auch Jason del Mayno zur Lex Cunctos populos (C 1, 1, 1), den locus communis der Statutenlehre.

italienischen Städte in das römische Recht einzuordnen und so trotz politischer Zersplitterung eine gewisse Rechtseinheit herzustellen, war von den Postglossatoren diese Rechtsanwendungslehre entwickelt worden, die nun auf das Verhältnis der deutschen lokalen Rechtsquellen zum römischen Recht übertragen wurde[16]. Das gemeine römische Recht galt danach als Kaiserrecht entsprechend der nach mittelalterlichen Vorstellungen zentrifugalen Stufung der Rechtskreise[17] nur subsidiär. Eingeschränkt wurde die hieraus entspringende Geltungschance des deutschen lokalen Rechts wieder dadurch, daß dieses Recht im Prozeß als beweisbedürftiges factum angesehen wurde, das dem romanistisch ausgebildeten Richter beigebracht und bewiesen werden mußte, was wiederum in der Regel nur möglich war, wenn es aufgezeichnet war[18]. Die grundsätzliche Geltung und Beweisbarkeit der lokalen Rechtsquelle war in der Auseinandersetzung zwischen Amerbach und Bapst jedoch nicht das Problem; das Freiburger Stadtrecht war ja längst nach romanistischer Überarbeitung aufgezeichnet worden[19]. Die Schwierigkeit bestand hier darin, den Anknüpfungspunkt für das heranzuziehende Recht zu bestimmen. Ganz klar werden die Argumente von Amerbach und Bapst in dem kurzen Briefwechsel hierüber nicht. Es scheint jedoch, als votiere Bapst für das Recht der belegenen Sache, während Amerbach bei der Wahl des anzuwendenden Rechts an den Ort des Handelns anknüpft. Interessant und aufschlußreich für die Durchsetzung des römischen Rechts ist der Vorschlag von Bapst, der schließlich vorsichtshalber, „diewyll die doctores dises puncten halber stryttig vnd nit einer opinion sind“, empfiehlt, daß Susanna „nach gemeynem rechtenn jren letzten willen vffrichte“[20], und sich damit also im Zweifel für das römische Recht entscheidet. Eine Entscheidung wurde in dieser Frage nicht getroffen.

Auch in einem zweiten Punkt war zum Zeitpunkt, als der Briefwechsel hierüber abbricht, noch keine Einigung erzielt worden. Nach Amerbachs Vorstellungen sollte Susanna ja zu Erben nur ihre Geschwister berufen und ihr Kind lediglich durch entsprechende, den Erben aufer-

---

[16] Zur legistischen Literatur, die aus der wissenschaftlichen Behandlung dieses Problems nach Accursius entstanden ist, Horn, Handbuch I, 262 und 357/358.

[17] Hierzu Wieacker, Privatrechtsgeschichte, S. 69.

[18] Zur Übernahme dieses Geltungsgrundsatzes durch Johann Fichard für die Frankfurter Reformation von 1509 Coing, Zur romanistischen Auslegung, in ZRG (RA) 56, 264, insbesondere S. 267 und ders., Rezeption in Frankfurt am Main, S. 119—122. Insgesamt zur Rechtsanwendungslehre der Rezeptionszeit siehe zuletzt Wiegand, Rechtsanwendungslehre der Rezeptionszeit.

[19] Hierzu kurz und informativ Stintzing, Zasius, S. 157—161 und Einleitung in QNPD I/1, XXII—XXIV.

[20] Beide Belege aus Nr. 3401.

legte Unterhalts- und Erziehungspflichten wirtschaftlich sichern[21]. Bapst wirft nun die Frage auf, ob Susanna nicht verpflichtet sei, ihrer Tochter von der Erbschaft die pars legitima, also den Pflichtteil, zu verschaffen. Ohne Grund übergangenen pflichtteilsberechtigten Verwandten stand nach gemeinem Recht die Klage wegen lieblosen Testamentes, „querela inofficiosi testamenti", zu, mit der das Testament durch Anfechtung umgestoßen werden konnte, so daß Intestaterbfolge eintrat[22]. In dem Digestentitel „De inofficioso testamento" wird den nichtehelichen Kindern ihrer Mutter gegenüber ausdrücklich die querela inofficiosi testamenti zugestanden: „De inofficioso testamento matris spurii quoque filii dicere possunt"[23], diese Kinder sind also nicht nur zur Intestaterbfolge berufen, sondern zugleich auch pflichtteilsberechtigt. Amerbach selbst hatte zu dieser Frage zuvor nur allgemein, das heißt ohne Quellenzitate, ausgeführt, daß der Pflichtteil nur Kindern aus rechtmäßigen Ehen und Konkubinaten, „legittimis et naturalibvs prognatis", zustehe. Das Kind Susannas sei jedoch „ex flagitio et damnato prohibitoque congressv", aus einem nach göttlichen, kirchlichen und weltlichen Gesetzen verbotenen Zusammensein hervorgegangen und könne deshalb den genannten Kindern erbrechtlich nicht gleichgestellt werden[24]. Die hierauf antwortende Argumentation von Bapst ist nicht klar nachvollziehbar; er scheint sich im Ergebnis trotz der Bedenken wegen der genannten Digestenstelle Amerbachs Meinung anzuschließen und zeigt einen Argumentationsweg auf, der die Nichtanwendbarkeit dieser Stelle im vorliegenden Fall rechtfertigen soll. Er zitiert hierfür Textstellen, die die zu mißbilligende Herkunft von Kindern, die „ex complexibus (non enim vocabimus nuptias) aut nefariis aut incestis aut damnatis" hervorgehen, betonen und ihnen als Folge davon jede vermögensrechtliche Teilhabe am väterlichen Vermögen absprechen[25]. Da es hier aber um die Teilhabe am mütterlichen Vermögen geht, können die genannten Quellen die von Amerbach vertretene Meinung jedenfalls nur begrenzt stützen. Eine Antwort hierzu liegt von diesem nicht vor.

---

[21] Nr. 3374 und 3375. Die Alimentationspflicht der Mutter gegenüber ihrem nichtehelichen Kind ergibt sich im römischen Recht aus D 25, 3, 5, 4: „Ergo et matrem cogemus praesertim vulgo quaesitos liberos alere ...". Zur Unterhaltspflicht in den deutschen Rechten siehe zum Beispiel das Freiburger Stadtrecht, das den „unflatskindern" gegenüber eine Unterhaltsverpflichtung festschreibt (3. Titel, 8. Traktat, 9) und Bückling, Uneheliche Kinder, S. 72.

[22] Hierzu Kaser, Römisches Privatrecht II, 365.

[23] D 5, 2, 29, 1.

[24] Diese Äußerungen von Amerbach und Bapst finden sich in den Briefen Nr. 3399 und 3401.

[25] N. 89, 15 (Auth. zu C 5, 5, 6).

Der dritte Einwand von Bapst gegen die von Amerbach entworfene Testamentsgestaltung richtet sich gegen die Bestimmung, die im Zusammenhang mit der wirtschaftlichen Sicherung des Kindes von Susanna steht. Die Erben sollten in dem Fall, daß die ihnen gegenüber unterhalts- und aussteuerberechtigte Tochter „intra pupillaria tempora aut quandocvmque sine liberis legittimis decederet", einer gemeinnützigen Institution („spital oder fundellhus") 100 Gulden übergeben. In dieser Regelung, die möglicherweise das Interesse der mit der Alimentationspflicht belasteten Erben an einem frühzeitigen Tod des Kindes ausschließen sollte, hatte Bapst zunächst eine Pupillarsubstitution vermutet. Bei einer Pupillarsubstitution setzt der letztwillig Verfügende für den Nachlaß eines in seiner Gewalt befindlichen Impubes für den Fall, daß dieser vor erlangter Pubertät stirbt, einen Erben ein[26]. Eine solche Verfügung hätte Susanna, die als Frau unfähig war, Familiengewalt auszuüben, der eine patria potestas gar nicht zustehen konnte[27], für ihr Kind nicht treffen können. Die mögliche Zuwendung an die genannten Einrichtungen war jedoch, wie Amerbach klarstellt, nicht als substitutio pupillaris, sondern als Vermächtnis gedacht. Bedenken hiergegen, wodurch Susanna als Erblasserin dem Findelhaus oder Spital ein bedingtes Forderungsrecht gegenüber den von ihr eingesetzten Erben einräumt, bestehen für Amerbach nicht: „quid huiusmodi fideicommisso quominvs valeat obstet, ... non assequor"[28]. Auch Bapst hat unter diesem rechtlichen Aspekt dann keine Bedenken mehr gegen die Zulässigkeit dieser testamentarischen Bestimmung.

Diese in einem Briefwechsel von Dezember 1550 bis Februar 1551 erörterten Fragen werden im vorliegenden Material nicht weiter behandelt. Susanna hat ein Testament dieses Inhalts nicht errichtet, sondern im Oktober 1551 eine testamentarische Verfügung allein zugunsten des Klosters getroffen[29]. Da auch der für den Fall ihres Klostereintritts geplante vermögensrechtliche Vergleich ihrer Familie mit dem Kloster nicht zustande gekommen ist[30], beginnt nun mit diesem die Auseinandersetzung um ihr Vermögen.

---

[26] D 28, 6. Zur Frage, ob der Pupillarsubstitut Erbe des Testators oder des Kindes wird, Nachweise bei Kaser, Privatrecht I, 574.

[27] Einzelheiten bei Kaser, Privatrecht I, 298; die spurii oder vulgo quaesiti sind daher auch sui iuris.

[28] Nr. 3399. Im einzelnen zur Entwicklung und Funktion des Vermächtnisrechts siehe noch unten S. 101.

[29] Siehe oben S. 83.

[30] Siehe oben S. 83.

9. Vermögenskonflikt mit dem Kloster und elterlicher Ehevertrag

Amerbach will die Ansprüche des Klosters auf Susannas Vermögen mit Hilfe der vermögensrechtlichen Bestimmungen zurückweisen, die ihr Vater im Ehevertrag mit seiner zweiten Frau Küngolt Vischer ca. 1534 über den Verbleib seines Vermögens nach seinem Tod getroffen hat[1]. Von keinem geringeren als Charles Dumoulin (Carolus Molinaeus, 1500—1566) liegt aus dem Jahr 1554 in dieser Sache eine umfangreiche gutachterliche Stellungnahme vor zur Frage der Wirksamkeit dieses Ehevertrages und den daraus resultierenden rechtlichen Folgen für die Erben[2]. Wohl wissend, daß dieser Vertrag bei der Vermögensaufteilung der Nachkommen seines Schwiegervaters die ausschlaggebende und entscheidende Rolle spielen würde, hatte Amerbach sich schon um den Bestand der Urkunde selbst gesorgt und den Vertrag in die Protokollbücher des Markgrafen in Pforzheim aufnehmen lassen, um der Gefahr der Vernichtung vorzubeugen[3]. Jedoch ist weder diese Kopie noch der Vertrag selbst erhalten geblieben. Sein Inhalt kann im folgenden daher nur aus den bruchstückhaften Angaben Dumoulins im „Thema" und dem Gutachten selbst rekonstruiert werden[4].

Der für die erbrechtliche Stellung der Familienangehörigen und deren Ansprüche gegeneinander relevante und hier interessierende Teil des Ehevertrages zerfiel in zwei Teile. Der eine Teil, den Dumoulin als „pactum negativum" bezeichnet, enthielt den Verzicht der Küngolt Vischer auf die Erbfolge nach ihren Kindern, „ne succederet liberis"[5]. Mit den Bestimmungen des anderen Teils, des von Dumoulin

---

[1] Die folgenden Ausführungen betreffen die rechtlichen Überlegungen, die im Vorfeld des Prozesses gemacht worden sind und sich mit der juristischen Zuordnung des Vermögens befassen; vom tatsächlichen her ist nicht zu klären, ob sich das Vermögen oder Teile von ihm zu dieser Zeit schon im Besitz des Klosters befanden.

[2] Opera omnia II, 848—852; biographische Literatur zu Dumoulin findet sich zusammengestellt bei Troje, Graeca leguntur, S. 30 Anm. 81.

[3] Information von Beat Jenny, dem derzeitigen Herausgeber der Amerbachkorrespondenz.

[4] In der Amerbachkorrespondenz selbst wird der Ehevertrag ohne inhaltliche Angaben erwähnt, beispielsweise in Nr. 3374 (Amerbach an Schirin), Nr. 3379 (Bapst an Amerbach).

[5] Thema, S. 848. Zumindest Alban war zur Zeit des Vertragsschlusses schon geboren (siehe oben S. 2 Anm. 1); die Bestimmung bezog sich jedoch ohne Zweifel auch auf die nascituri.

sogenannten „pactum affirmativum", suchte Leonhart Fuchs sein Vermögen nach seinem Tod weiterhin seiner Familie, genauer: seinen Kindern und weiteren Abkömmlingen, zu erhalten: „Cum ergo id solum et praecipue ageretur, ne heredia, et bona paterna ad extraneos, et in alienam familiam devenirent, sed in posteris conservarentur ..."[6]. Hierzu ordnete er für die Lebenszeit seiner Kinder ein Verfügungsverbot über den jeweils ererbten Anteil zugunsten der Geschwister und deren Abkömmlinge an; beim Tod eines seiner Kinder sollte dann dessen Erbanteil den Geschwistern beziehungsweise deren Abkömmlingen zuwachsen[7]. Erfaßt werden sollte von dieser Bindung jeweils nur die Substanz des ererbten Vermögens, nicht aber die Früchte und die daraus zu ziehende Nutznießung: „Cum ergo intacta relinquator fruitio ad vitam sufficiens ad alimenta, et libera facultas disponendi de fructibus, nihil possunt disponere, nec minuere de substantia, et proprietate bonorum ..."[8].

Auf Grund dieser Bestimmungen des pactum affirmativum könnte also das Kloster von allen Ansprüchen auf Susannas Anteil am väterlichen Erbe ausgeschlossen sein; aus ihnen folgte nämlich nicht nur die Unwirksamkeit des von Susanna im Oktober 1551 zugunsten des Klosters errichteten Testamentes[9], sondern es würde auch verhindert, daß der auf Grund des gemeinen Rechts mit einem Klostereintritt verbundene Vermögensübergang einträte[10]. Umstritten ist nun allerdings die Wirksamkeit dieses Vertrages, mit dem Leonhart Fuchs den Verbleib seines Vermögens nach seinem Tod in seiner Familie sicherstellen wollte, ohne in einer letztwilligen Verfügung eine vom Intestaterbrecht abweichende Erbfolgeregelung zu treffen. Die Zweifel und Bedenken gegen die Zulässigkeit einer derartigen vertraglichen Vereinbarung werden deutlich, wenn man die im römischen und deutschen Recht für solche Rechtsgeschäfte entwickelten rechtlichen Konstruktionen und die ihnen zugrunde liegenden Prinzipien gegenüberstellt.

---

[6] Randnummer 19, S. 850.

[7] Dies wird indirekt aus der gesamten Argumentation deutlich und auch zum Beispiel aus dem in Rdnr. 1 aufgestellten Fragenkatalog: „an sit substitutio, vel fideicommissum inter liberos?" (S. 848).

[8] Rdnr. 23.

[9] Siehe oben S. 83.

[10] Vgl. hierzu Darstellung oben S. 82. Wegen dieser Bedeutung des pactum affirmativum für die Vermögensinteressen der Familie Amerbach / Fuchs wird dieser Vertragsteil hier an erster Stelle erörtert, obgleich er im Vertrag erst an zweiter Stelle gestanden zu haben scheint. Da die beiden Vertragsteile aber nicht aufeinander aufbauen und inhaltlich voneinander unabhängig sind, steht dieser Vorgehensweise nichts entgegen.

9.1. Das römisch-rechtliche Familienfideikommiß

Die Bindung eines Vermögens an einen Familienstamm wurde im römisch-justinianischen Recht durch eine Vermächtniseinsetzung, das Familienfideikommiß erreicht. „Fidei commissum“ ist ursprünglich eine Bitte des Erblassers gewesen, deren Erfüllung der Treue desjenigen, dem er etwas hinterlassen hatte, anvertraut war. Das Fideikommiß hatte sich von dieser rein sittlichen Pflicht für den Beschwerten zum obligatorischen Forderungsrecht des Bedachten gegen den Beschwerten entwickelt und war von Justinian dem „legatum“ gleichgestellt worden[1]. Von Bedeutung ist für den vorliegenden Zusammenhang vor allem, daß es sich bei dem Fideikommiß um ein erbrechtliches Institut handelt, das durch letztwillige, einseitige Verfügung des testators in einem Testament oder Kodizill begründet wird[2]. Gegenstand eines Fideikommisses können einzelne Gegenstände wie auch ein Inbegriff von Gegenständen sein. Letzteres ist der Fall bei der Bestellung eines Universalfideikommisses, mit dem der Erblasser dem Erben aufgibt, die Erbschaft später ganz oder zum Teil einem anderen wieder herauszugeben[3]. Für den mit dem (Universal)fideikommiß beschwerten Erben bestand ein Veräußerungsverbot der ihm fiduziarisch überlassenen Gegenstände[4], das sich auf Geschäfte unter Lebenden ebenso wie auf letztwillige Verfügungen bezog[5] und keiner ausdrücklichen Anordnung bedurfte, sondern sich bereits aus der Restitutionspflicht ergab[6]. Ein Fideikommiß konnte grundsätzlich auch so bestellt werden, daß der Beschwerte erst bei Eintritt einer Bedingung oder eines Termins leisten mußte und dieser Zeitpunkt auch der Tod des Beschwerten sein konnte.

Auf diesen Prämissen baut das Familienfideikommiß, „fideicommissum, quod familiae relinquitur“, auf[7]. Der Erblasser ordnet in diesen

---

[1] In C 43, 6, 2; Justinian ist damit der Praxis gefolgt, die weiterhin bald den einen, bald den anderen Ausdruck benutzt, jedoch die gleichen Folgen damit verbindet.

[2] Diese letztwillige Verfügung bedarf keiner besonderen Form (C 6, 43, 2 pr.) und kann auch mündlich erfolgen (C 6, 42, 32). Zur Formfreiheit vor Justinian: Kaser I, 631.

[3] Unerheblich ist dabei, ob der beschwerte Erbe ab intestato oder ex testamento geerbt hat.

[4] C 6, 43, 3, 2a und C 6, 43, 3, 3 (im klassischen Recht D 31, 69, 3 und 77, 27). Bei Verletzung dieses Veräußerungsverbotes stand dem Bedachten sogar die dingliche Klage zu: C 6, 43, 1, 1 und C 6, 43, 3, 2.

[5] D 30, 114, 15 und 16.

[6] Die Frage der Nachlaßhaftung zwischen Erben und Fideikommissar regelt das Sc. Trebellianum (56 oder 57 n. Chr.), wiedergegeben bei Ulpian D 36, 1, 1, 3 und wieder in Geltung gesetzt von Justinian in Inst. 2, 23, 7. Nach dieser Haftungsregelung sind die Erbschaftsklagen und -forderungen anteilig gegen den Erben und den Berechtigten zu richten.

[7] D 31, 32, 6; D 31, 69, 3.

Fällen das Fideikommiß so an, daß nicht nur der erste Erwerber, sondern auch jeder spätere mit dem Fideikommiß zugunsten des gradnächsten Familienmitgliedes beschwert ist. Die Zuwendung an die nur fideikommißberechtigten Nachkommen mußte allerdings zumindest in Höhe des Pflichtteils erfolgen[8]. Da seit dem 3. Jahrhundert der in einer letztwilligen Verfügung Bedachte beim Tod des Erblassers nicht „in rerum natura“ sein mußte und auch einem „postumus alienus“ etwas zugewendet werden konnte[9], konnte über ein derart angeordnetes Familienfideikommiß eine Abfolge mehrerer fideikommißberechtigter Generationen erreicht werden. Dabei war die von Justinian in der Novelle 159 vorgenommene Beschränkung der Dauer der Familienfideikommisse auf vier Generationen in der italienischen Praxis bereits im 16. Jahrhundert beseitigt worden[10]. Unabhängig von solchen Beschränkungen wurde damit im Ergebnis jedenfalls ein Nacheinander mehrerer „Erben“ erreicht, was durch explizite Nachfolgeanordnungen seit Justinian wegen der hierin liegenden Beschränkung der Testierfreiheit der Vorerben nicht zulässig gewesen war[11].

Die Schwierigkeiten bei der Konstruktion des Familienfideikommisses, der „fideikommissarischen Substitution“, durch die die Bindung eines Vermögens an eine Familie ermöglicht wurde, beruhten letztlich auf dem im römischen Rechtskreis herrschenden, Rechtsgefühl und Rechtsleben bestimmenden Individualitätsprinzip. Nach diesem war der Einzelne als Individuum Inhaber und Träger aller Rechte und Pflichten; ihm mußten die zur Wahrnehmung dieser Rechte erforderlichen Positionen und Befugnisse bis zu seinem Tod eingeräumt und garantiert werden[12]. Familiengebundenes Vermögen, Vermögen also,

[8] C 3, 28, 30 pr.

[9] D 38, 16, 6.

[10] HStW „Fideikommisse“. In einem Gutachten zu einem komplizierten Erbrechtsstreit für Christoph von Württemberg (Nr. 2687) beschwert sich Amerbach über die Unklarheiten, die die latinisierte Form der Novelle 159 für den Beginn der Zählung der vier Generationen hervorruft; er entscheidet diese Frage mit Hilfe des griechischen Textes aus der Edition Haloanders von 1531 dahingehend, daß der erste fideikommißberechtigte Erbe schon als Sukzessor mitgezählt wird. Troje führt in „Graeca leguntur“ (S. 210/211) dies als Beispiel für die Präsenz von Graeca in den Debatten des 16. Jahrhunderts im zivilrechtlichen Bereich an.

[11] Justinian war zu diesem Zustand des klassischen Rechts zurückgekehrt, nachdem im 5. Jahrhundert zwischenzeitlich Nacherbfolgeregelungen anerkannt waren. Als substitutio zulässig war nunmehr nur noch die Einsetzung von Ersatzerben; auch die substitutio vulgaris wurde als aufschiebend bedingte Erbeinsetzung behandelt (Kaser, Privatrecht II, 352, 396); zum Sonderfall der substitutio pupillaris siehe oben S. 98 und Kaser, Privatrecht I, 573.

[12] Eine Konstitution Justinians (C 2, 3, 30) erlaubt, die Sicherung der Überlebenschance des Erblassers als zumindest einen Aspekt der spezifischen Ausgestaltung des auf diesem Prinzip beruhenden römischen Erbrechtes zu sehen; hier werden die Gefahren, die demjenigen drohen, über dessen

das der Dispositionsbefugnis des jeweiligen einzelnen Inhabers entzogen sein sollte, mußte und konnte nur in Einklang mit den aus diesem Prinzip resultierenden rechtlichen Grundsätzen ermöglicht werden. Die erste Schwierigkeit lag deshalb darin, daß eine Menschengruppe als solche nicht rechtsfähig war, und auch die Familie kein Rechtssubjekt war, dem etwas vermacht oder vererbt werden konnte. Zuwendungen konnten vielmehr grundsätzlich nur an einzelne Personen erfolgen. Dies bedingte, daß die Weitergabe eines Vermögens innerhalb einer Familie nur über die Einschaltung der einzelnen Familienmitglieder als Vermögensinhaber denkbar war. Eine Anordnung, daß sich die Familienmitglieder jeweils als Erben das Vermögen vermittelten, war nicht möglich, da damit deren Testierfreiheit, das heißt die Möglichkeit zur Selbstgestaltung der Erbfolge, eingeschränkt worden wäre. Unvereinbar mit dem genannten römischen Individualitätsdenken und Persönlichkeitsbewußtsein wäre es gewesen, in diese Gestaltungsmöglichkeit eines Erblassers über die Nachfolge in die eigene Person einzugreifen. Zwar nicht durchbrochen, aber umgangen wurde das Prinzip der Testierfreiheit jetzt dadurch, daß das Vermögen nicht als Erbschaft, sondern nur als Vermächtnis weitergegeben werden sollte. Erbe ist dann lediglich der erste Nachfolger des Vermögensinhabers, der das Vermögen als Fideikommiß erhält mit der Auflage, es entsprechend (als Fideikommiß) weiterzugeben. Bei der Weitergabe des Familienvermögens handelt es sich damit nicht um hintereinandergeschaltete Erbfolgen, sondern jeweils nur um einen Vermächtniserwerb.

9.2. Familiengebundenes Vermögen im deutschen Recht

Anders war die Ausgangslage für die Schaffung familiengebundenen Vermögens im deutschen Recht. Bestimmend im germanischen Rechtsdenken war das genossenschaftliche Prinzip: nicht der Einzelne war Ausgangspunkt und Mittelpunkt des Lebens, sondern die jeweilige Gruppe, der er angehörte. Hinter den rechtlichen Positionen und Interessen des Verbandes traten die des zugehörigen einzelnen Genossen völlig zurück[1]. Vermögensrechtlich bedeutete dies, daß Maßnahmen zur Sicherung des Wohlstandes einer Familie auch unter völliger Beschneidung der Verfügungsmöglichkeiten des einzelnen Familienmit-

---

Erbschaft die voraussichtlichen Erben schon zu seinen Lebzeiten Verteilungsabsprachen getroffen haben, deutlich geschildert und daraus die Ungültigkeit dieser Absprachen hergeleitet: „Sed nobis omnes huiusmodi pactiones odiosae videntur et plenae tristissimi et periculosi eventus. quare enim quodam vivente et ignorante de rebus eius quidam paciscentes convenerunt?“

[1] Zu den einzelnen Formen von Gemeinschaften wie Sippen und Familien, Gilden und Zünfte, Gemeindeschaften etc. gibt Hübner einen grundlegenden Überblick in: Deutsches Privatrecht, S. 110—151.

gliedes selbstverständlich waren; so bestanden zum Beispiel im älteren germanischen Recht grundsätzlich Veräußerungsverbote für Grundbesitz, aus dem das Vermögen in dieser Zeit vorrangig bestand. Als in der Folgezeit eine Lockerung dieser Verbote eintrat und die Veräußerungen von Immobilien häufiger wurden, konnte die Bindung eines bestimmten Vermögens an die Familie als Stammgut erreicht werden; innerhalb des hohen Adels geschah dies auf Grund autonomer Gesetze, im übrigen durch rechtsgeschäftliche Stiftung des Familienoberhauptes[2]. Die Vorstellung eines grundsätzlich gruppengebundenen Eigentums liegt auch den Näher-, Zug- oder Retraktrechten zugrunde, deren älteste und bedeutendste die Näherrechte der Erben waren. Deren Interesse an der Erhaltung des Familiengutes wurde auf Grund dieser Rechte insofern gewahrt, als bei einem beabsichtigten Verkauf eines Gutes dieses stets zunächst ihnen selbst angeboten werden mußte[3].

Die insgesamt nach germanisch-deutschem Recht gesicherte Möglichkeit der Zentrierung der wirtschaftlichen Machtmittel in einzelnen Familien wurde durch das Eindringen des römischen Rechts in Deutschland ins Wanken gebracht. Die dem Einzelnen in dem rezipierten Recht zugebilligte vermögensrechtliche Gestaltungsfreiheit brachte die Gefahr völliger Zersplitterung der Familienvermögen mit sich und drohte damit die Grundlage der wirtschaftlichen und politischen Machtstellung der besitzenden Familien zu zerstören. Insbesondere auf den Druck des vermögenden Adels hin suchten die Juristen der Rezeptionszeit nach römisch-rechtlichen Formen, in denen sich die Eigentümlichkeiten des deutsch-rechtlichen Familiendenkens fortsetzen ließen. Das römischrechtliche Familienfideikommiß, das ja auch den Zweck hatte, den Wohlstand einer bestimmten Familie zu erhalten, schien das geeignete Institut zur Rettung der Unveräußerlichkeit der familiären Sondergüter dem römischen Recht gegenüber zu sein[4]. Ein Fideikommiß konnte nach römischem Recht allerdings nur in einer letztwilligen Verfügung angeordnet werden. Eine der Hauptaufgaben der Rezeptionsjuristen in diesem Problembereich bestand nun darin, diesen Grundsatz zu überwinden und auch vertragsmäßigen Fideikommissen Geltung zu verschaffen und ihre Wirksamkeit unabhängig vom Vorliegen eines negotium ultimae voluntatis zu begründen — Dumoulin bearbeitet in seinem Gutachten zum Ehevertrag Fuchs / Küngolt also eine typische Fragestellung seiner Zeit.

---

[2] Hierzu allgemein Hübner, Deutsches Privatrecht, S. 304 ff.

[3] Zu den Näherrechten im einzelnen vgl. die grundlegende und umfangreiche Darstellung von Walch, Näherrecht; Hübner, Deutsches Privatrecht, S. 386—392 gibt über diese Rechte einen kurzen Überblick.

[4] Vgl. hierzu Lewis, Familienfideikommiß, S. 3—35.

Grundsätzlich als Lösung nicht überzeugend war den in römischen Rechtskategorien zu denken gewohnten Juristen ein Rückgriff auf das deutsche (insbesondere Gewohnheits-)Recht; konkret kam hinzu, daß die deutsch-rechtlichen Regelungen über die Bindung des Hausvermögens sich aus naheliegenden tatsächlichen Gründen im wesentlichen allein auf den Adel bezogen hatten und deshalb nicht ohne weiteres auf die entsprechenden Rechtsgeschäfte nichtadeliger Familien übertragen werden konnten. Der Lösungsversuch des belgischen Juristen Nikolaus Betsius aus dem Jahre 1611, der diesen Rechtsgeschäften unter Rückgriff auf das deutsche Recht Wirksamkeit verleihen wollte, wurde denn auch nicht angenommen[5]. Durchgesetzt haben sich die Rechtsgeschäfte zur Erhaltung von Familienvermögen über römisch-rechtliche Konstruktionen.

Abschließend hat Philipp Knipschildt (1595—1657) die Einbindung des germanischen Güterrechts in die romanistische Institution des Familienfideikommisses dargestellt in seinem 1654 erschienenen, umfangreichen „Tractatus de fideicommissis familiarum nobilium, von Stammgütern, sive de bonis, quae pro familiarum nobilium conservatione constituuntur“[6]. Dieses Werk war epochemachend und die hier zusammengetragenen Ergebnisse grundlegend für die Rechtsmeinung der folgenden Jahrhunderte in diesen Fragen[7]. Das wichtigste und für den anstehenden Fall am meisten relevante Ergebnis der Studie Knipschildts ist, daß nach seiner Meinung Familienfideikommisse auch durch Rechtsgeschäfte unter Lebenden errichtet werden können und hierfür nicht mehr nur die Form einer letztwilligen Verfügung bereitsteht: „generaliter vero loquendo ea etiam bona fideicommissaria dicuntur, de

[5] Betsius, von dem genaue Lebensdaten nicht bekannt sind, entwickelte diese Gedanken als hessen-kasselischer Rat unter der Regierung des Landgrafen Moritz in seinem Werk „De statutis, pactis et consuetudinibus illustrium et nobilium, illis praesertim, quae ius primogeniturae concernunt, tractatus nomicopoliticus ad usum Germaniae potissimum accomodatus“ (Ffm. 1611). Zu Ulrich Zasius, der solche Verfügungen anerkannte, ohne sie unter eine bestimmte zivilrechtliche Form zu bringen, Lewis, Familienfideikommiß, S. 25/26.

[6] Knipschildt war Doktor beider Rechte und zu seiner Zeit ein sehr bekannter Publizist. Sein Buch erschien während seiner Zeit als Syndikus der Stadt Eßlingen; zuvor hatte er sich, allerdings in wesentlich kürzerer Form, mit diesem Thema bereits in seiner 1626 vorgelegten Dissertation beschäftigt.

[7] Die Historiker des 19. und beginnenden 20. Jahrhunderts sind sich dennoch in der negativen Beurteilung des Buches einig; Lewis spricht von „einem gründlichen, gelehrten, freilich aber zugleich außerordentlich weitschweifigen und schwerfälligen Werk“ (Familienfideikommiß, S. 28). Abschätzige Kritik erfährt es von Pfaff und Hofmann: „Nach Form und Inhalt ist es ein recht schwächliches Machwerk“ (Geschichte der Fideikommisse, S. 32) und von H. Meyer: „... als das Buch anerkanntermaßen von geringem wissenschaftlichem Eigenwert, schlecht geschrieben und voller Widersprüche ist“ (Anfänge des Familienfideikommisses, S. 230).

quibus per modum contractus convenit“[8]. Der andere für den vorliegenden Zusammenhang wichtige Vorschlag sieht die Möglichkeit vor, daß Familienfideikommisse nicht nur innerhalb des Adels, sondern auch von ignobiles zugunsten „familiae privatorum seu plebeiorum“ errichtet werden können[9].

Die Beurteilung des vorliegenden Vertrages kann nun allerdings nicht durch Vorgriff auf diese 100 Jahre später bestehende herrschende Meinung und Rechtslage erfolgen; Mitte des 16. Jahrhunderts war die Frage noch streitig; Dumoulin hat mit seinen Überlegungen und Konstruktionen ja gerade zur Bildung dieser später allgemein geltenden Rechtsüberzeugung von der Wirksamkeit derartiger Verfügungen beigetragen[10].

9.3. Dumoulins Gutachten zur Wirksamkeit des „pactum affirmativum“

Dumoulin beginnt seine Ausführungen zu dem diese Thematik beinhaltenden pactum affirmativum mit einer Darlegung derjenigen Grundsätze des römischen Erbrechts, die der Gültigkeit der hier getroffenen Bestimmungen entgegenzustehen scheinen[1]. Er setzt hier allerdings offenkundig beim Leser die Kenntnis des eben entwickelten Problemzusammenhangs voraus und begnügt sich mit sehr pauschalen Hinweisen. „Cum nullum factum sit testamentum“, mit dieser Bemerkung weist er auf das im römischen Rechtskreis absolut geltende Prinzip der Aufrechterhaltung der Vermögensdispositionsbefugnis bis zum Augenblick des Todes hin, das zur Folge hat, daß erbrechtliche Regelungen nur durch einseitige, jederzeit widerrufbare Willenserklärungen getroffen werden können. Konkretisierend und die ratio dubitandi verstärkend führt er dann aus, daß vertragliche Vereinbarungen

---

[8] C. VI n. 26; in C. VI n. 1—13 wird die Testamentsform allerdings als die bessere Form empfohlen.

[9] C. III n. 32 ff.; C. IV n. 23 ff.

[10] Die Darstellung der Problematik des deutschen Familienfideikommisses beschränkt sich im folgenden entsprechend der Fragestellung (es geht um die Entscheidung eines konkreten Rechtsstreites) auf den juristisch-dogmatischen Aspekt. Zur allgemeinen Herleitung der Familienfideikommisse aus spanischen und italienischen Instituten und zu ihrer Verbreitung in Deutschland siehe H. Meyer, Anfänge des Familienfideikommisses; Pfaff und Hofmann, Geschichte der Fideikommisse; Krause, Familienfideikommisse, S. 183—226. Am informativsten und für den vorliegenden Zusammenhang ausreichend ist der Überblick in HStW „Familienfideikommisse“.

[1] Rdnr. 17 S. 850. Hier wie auch sonst im gesamten Gutachten folgt er der scholastischen Argumentationsmethode und teilt die Erörterung der anstehenden Fragen genau in rationes dubitandi und decidendi ein. Die Namen der beteiligten Personen sind in dem Gutachten den damaligen Gepflogenheiten entsprechend verschlüsselt. Leonhart Fuchs wird „Leosthenes“ genannt, seine Frau Küngolt „Regina“, Alban „Leukon“, Amerbachs Frau Martha „Aretia“.

über die Verteilung der Erbschaft nicht nur durch die gesetzlichen Bestimmungen ausdrücklich verboten werden[2], sondern sogar gegen die guten Sitten verstoßen; die hierfür herangezogene Codexstelle 8, 38, 4 ist insofern einschlägig: „quia contra bonos mores de successione futura interposita fuit stipulatio". Außerdem beschränkten solche Verträge die Testierfreiheit der nachfolgenden Kinder[3].

Doch dies alles soll letztlich der Gültigkeit des vorliegenden Vertrages nicht entgegenstehen. Mit der Wendung „quibus non obstantibus, in praesenti themate standum omnino conventis censeo" beginnt die ratio decidendi. Dumoulin geht zunächst auf den Umfang der vertraglichen Regelung ein und führt aus, daß Leonhart Fuchs die Nachfolgeanordnung bezüglich des von ihm hinterlassenen Vermögens getroffen hat; das seinen Kindern auferlegte Veräußerungsverbot und die gegenseitige Weitergabepflicht beziehe sich deshalb nicht auf deren gesamtes Vermögen, sondern nur auf den von ihm ererbten Teil ihrer Güter: „clarum in hac clausula non fuisse actum de omnibus bonis filiorum .. ; sed nec de eorum hereditate, vel successione proprie sumpta, sed de portione bonorum paternorum eos contingente dumtaxat ..."[4]. Da die von Leonhart Fuchs benutzten Worte auf den ersten Blick das gesamte Vermögen seiner Kinder zu erfassen scheinen, kommt Dumoulin erst über eine Vertragsauslegung zu diesem Ergebnis: „Nec obstant verba generalia, aut universalia istius substitutionis; quia intellectus verborum non ab eorum formula, sed a mente sumendus est"[5]. Er führt hierzu aus, daß Leonhart Fuchs eindeutig sein Vermögen gleichmäßig unter seine Kinder erster und zweiter Ehe verteilen und zugleich verhindern wollte, daß seiner zweiten Frau beim Tod der Kinder aus zweiter Ehe etwas zufiele, was nie mehr an die Kinder erster Ehe gelangen könnte: „ut enim phrasis et scopus totius contractus, et thematis ostendit, hoc solum agebatur, ne bona ipsius Leosthenis a concubina ... diriperentur, cum certum esset de his quae ad illam pervenirent, nihil unquam rediturum ad filios primi matrimonii: ideo diligenter cautum fuit, non ut filii concubinae nati et nascituri deterioris essent in aliquo conditionis filiis primi matrimonii ... sed ne filii prioris matrimonii privarentur omni spe successionis virilis portionis bonorum paternorum: per hoc secundum

---

[2] Er zitiert u. a. C 5, 14, 5, eine Stelle, die eine Zuwendung von Todes wegen im Ehevertrag verbietet.

[3] Das Verbot einer solchen Beschränkung begründet er mit D 45, 1, 61. Die in C 2, 3, 19 und 30 aufgeführten Ausnahmefälle der Gültigkeit einer erbvertraglichen Regelung (Umdeutung in ein Soldatentestament beziehungsweise Aufrechterhaltung der Testierfreiheit trotz der vertraglichen Regelung) liegen hier nicht vor.

[4] Rdnr. 19 S. 850.

[5] Rdnr. 21 S. 851.

conjugium praesertim cum verisimile esset majorem longe partem herediorum paternorum perventuram ad filios concubinae, quam ad liberos Aretiae legitimae filiae ..."[6].

Dumoulin arbeitet dann den Unterschied zwischen Nachfolgeordnungen über eine Erbschaft selbst oder Teile von ihr und solchen über einzelne, bestimmte Gegenstände oder Sachgesamtheiten heraus und stellt fest, daß es etwas völlig anderes ist „de ipsa hereditate, vel ejus parte aut certa quota" zu verfügen, als „de certis rebus, vel de parte rerum, vel de certo genere bonorum"[7]. Der von Dumoulin nicht genannte Hintergrund dieser Argumentation ist, daß es sich nur im ersten Fall um eine unzulässige Nacherbfolgeregelung handelt, der die in der ratio dubitandi genannten Rechtsgrundsätze entgegenstehen. Im zweiten Fall dagegen liegt eine Erbfolgeregelung nicht vor, da eine Erbeinsetzung „ex re certa", auf einen einzelnen Gegenstand oder auch eine bestimmte Sachgesamtheit, dem Wesen der Erbfolge als Gesamtnachfolge wiederspricht und von daher nicht möglich ist[8]. Der Ehevertrag kann sich damit schon vom Vertragsgegenstand her nicht auf eine hierin unzulässige Regelung einer „successio futura" beziehen. Vertragliche Substitutionen sind dagegen möglich, wenn es sich um die Weitergabe einzelner Gegenstände oder bestimmter Sachgesamtheiten handelt: „Quemadmodum enim in testamentis solemnibus possunt fieri substitutiones ... de ipsa hereditate, vel ejus quota: ita in contractibus possunt fieri substitutiones conventionales, et graduales de certis rebus, de certo genere bonorum"[9]. Dumoulin zieht zur Begründung dieses Ergebnisses Fideikommiß- und Schenkungsrecht heran. Er verweist auf die Möglichkeit, Gegenstände fiduziarisch gebunden zu hinterlassen[10] sowie auf die Möglichkeit, Schenkungen unter Bedingungen oder Bestimmungen zu machen[11] und die Möglichkeit der Substitution im Fall einer donatio mortis causa, bei der an Stelle des mit der Schenkung auf den Todesfall Bedachten für den Fall, daß dieser das Zugewandte nicht erwirbt, ein anderer Schenknehmer be-

---

6 Rndr. 18 S. 850.

7 Rdnr. 19 S. 850; er verweist hierfür u. a. allgemein auf die Digestentitel „de heredibus instituendis" (D 28, 5) und „de vulgari et pupillari substitutione" (D 28, 6).

8 Quellennachweise hierzu im einzelnen bei Kaser, Privatrecht I, 572 und II, 351/352.

9 Rdnr. 20 S. 850. Auf die Möglichkeit der erbrechtlichen Zuwendung von einzelnen Gegenständen durch Vermächtnis und die Umdeutungsmöglichkeiten einer solchen „Erbeinsetzung" braucht Dumoulin nicht einzugehen, da hier eine letztwillige Verfügung nicht vorliegt.

10 Inst. 2, 24 „De singulis rebus per fideicommissum relictis" (Rdnr. 20 S. 850).

11 C 8, 54 „De donationibus quae sub modo vel condicione vel ex certo tempore conficiuntur" (Rdnr. 20 S. 850).

stimmt werden kann[12]. Im einzelnen führt er nicht aus, welche Elemente dieser Regelungen herausgegriffen und kombiniert werden müssen, um zum gewünschten Ergebnis zu kommen; deutlich wird jedenfalls, daß er mit diesem Rückgriff auf Schenkungsrecht und die donatio causa mortis die Wirksamkeit eines durch Rechtsgeschäft *unter Lebenden* bestellten Fideikommisses begründet, das den Berechtigten einen entsprechenden Anspruch gibt: „actio est utilis, id est efficax...“[13].

Nachdem Dumoulin nun diese Formerweiterung für die Errichtung eines Fideikommisses einmal konstruiert hat, verweist er für die inhaltliche Zulässigkeit der von Leonhart Fuchs getroffenen Verfügung direkt auf das römische Familienfideikommiß[14]. Diesen Gedanken formuliert im übrigen auch Ludwig Gremp, Doktor beider Rechte und zu dieser Zeit Stadtsyndikus in Straßburg, als Lösung, indem er vorschlägt, die von Leonhart Fuchs gewollte Bindung seiner Kinder — „substitutio seu reservatio“ — als „fideicommissum“ aufrechtzuerhalten[15]. Philipp Knipschildt greift diese Lösung dann mit folgenden Worten auf: „Atque haec maxime procedunt, si de conservatione bonorum in familia et agnatione agatur, tum enim fideicommissum inductum praesumi...“[16].

Bedenken, daß Fuchs mit seiner Anordnung die Testierfreiheit der fiduziarisch gebundenen Nachkömmlinge einschränkt, kann Dumoulin entkräften[17]: deren vermögensrechtliche Dispositionsbefugnis wird nur insoweit tangiert, als es sich um die Erhaltung der Substanz des vom Vater ererbten Vermögens handelt, „proprietas et substantia bonorum paternorum“. Über ihr gesamtes übriges Vermögen, einschließlich der Nutznießungen aus den väterlichen Gütern und in Höhe des Pflichtteils sogar über dieses selbst[18], können sie frei verfügen und entsprechend testieren.

Bis hierher hat Dumoulin allein über weiterführende Überlegungen zum römisch-rechtlichen Familienfideikommiß die im germanischen Rechtsdenken verwurzelte Form der Weitergabe von Familieneigentum, wie sie auch Leonhart Fuchs hier vorgenommen hat, gesichert. Er beschränkt sich nun nicht allein auf die romanistischen Rechts-

[12] D 31, 50 (Rdnr. 20, S. 850).

[13] Rdnr. 20 S. 850.

[14] C 3, 28, 12 (Rdnr. 24 S. 851).

[15] In Nr. 3567 an Amerbach.

[16] Tractatus de fideicommissis C. VI n. 90.

[17] Rdnr. 22 und 23 S. 851.

[18] Zum Beleg, daß der Pflichtteil auch durch Rechtsgeschäfte unter Lebenden nicht berührt werden darf und sich folglich auch die bindende Anordnung Leonhart Fuchs' nicht hierauf beziehen kann, zitiert Dumoulin u. a. die für diese Frage einschlägigen C 3, 29 „De inofficiosis donationibus“ und C 3, 30 „De inofficiosis dotis“.

quellen, sondern beruft sich zur Begründung der Richtigkeit seines Ergebnisses auch auf die Kraft der germanischen consuetudo, „quae potest dare robur hujusmodi pactis“[19]. Nach diesem Gewohnheitsrecht sind in Eheverträgen sogar Erbeinsetzungen möglich: „etiam certi heredis institutio universalis facta in contractu matrimonii valet irrevocabiliter“. Selbst wenn man in der Verfügung des Leonhart Fuchs also eine Erbfolgeregelung sieht und sie als Verfügung „de omni specie et genere bonorum“ betrachtet, ist sie nach dieser in Gallien geltenden consuetudo gültig[20]. Da der Pflichtteilsanspruch nach allgemeiner Meinung durch eine consuetudo zumindest eingeschränkt werden kann[21], solange den Berechtigten genügend zum Lebensunterhalt verbleibt, entstehen auch unter diesem Aspekt keine Bedenken gegen das pactum affirmativum; denn Leonhart Fuchs hat seinen Abkömmlingen jedenfalls die uneingeschränkte Nutznießung seines Vermögens, die „sufficiens ad alimenta“ ist, zurückgelassen[22].

Dumoulin hat damit die Wirksamkeit des pactum affirmativum sowohl unter romanistischen wie auch unter germanistischen Gesichtspunkten gesichert. Rechte des Klosters an Susannas ererbtem und ihr künftig zufallendem Vermögen können damit nur bestehen, wenn sie sich im Einklang mit den Bestimmungen dieses Vertrages, der die allgemeine Rechtslage modifiziert, befinden[23].

9.4. Rechtsfolgen des „pactum affirmativum“

Erste Folge hieraus ist die Unwirksamkeit des von Susanna errichteten Testamentes, auf die Dumoulin hinweist, indem er die zum Veräußerungsverbot führende Restitutionspflicht der Kinder zweiter Ehe betont[1].

---

[19] Rdnr. 22 und 23 S. 851. Zur Geltung des deutschen Rechts in der Rezeptionszeit siehe oben die Ausführungen zur Statutentheorie, S. 95. Nicht nur der Lösungsweg Knipschildts, sondern auch der von Betsius ist, wie wir sehen, schon lange vorgezeichnet gewesen.

[20] Zur Vertragsauslegung im Sinne des hier gegensätzlichen römischen Rechts oben S. 107.

[21] Für eine weitergehende Meinung, nach welcher dieser sogar ganz aufgehoben werden kann, wird u. a. der berühmte Rechtslehrer Philippus Decius (1454 bis nach 1535) aufgeführt (Rdnr. 23 S. 851).

[22] Im Unterschied zum römischen Recht muß nach germanischem Recht also der Pflichtteil von der von Leonhart Fuchs angeordneten Verfügungsbeschränkung nicht ausgenommen werden.

[23] Für die Rechte der Kinder des Leonhart Fuchs untereinander hatte das pactum affirmativum die Bedeutung, daß sich die Kinder aus erster und zweiter Ehe gegenseitig wie vollbürtige Geschwister beerbten, also im Verhältnis zueinander in die gleiche erbrechtliche Rangfolge gestellt wurden (vgl. hierzu noch genauer unten S. 113 f.).

[1] Seiner Meinung nach umfaßt diese Restitutionspflicht auch den Pflicht-

Als nächstes prüft Dumoulin die Frage, ob das Kloster unabhängig von dem Testament so an die Stelle Susannas tritt, daß es quasi als Kind Anspruch auf das familiengebundene Vermögen hat[2]. Dem steht seiner Ansicht nach die vertragliche Verfügung Leonhart Fuchs' entgegen, die eindeutig die Herausgabe des ererbten väterlichen Vermögensteils an die überlebenden Geschwister statuiert für den Fall, daß eines der Geschwister ohne eigene eheliche Abkömmlinge verstirbt: „quia verba conditionis necessario excludunt Monasterium duplici modo: quia primo dicitur. Si sine heredibus in matrimonio: deinde. Procreatis ex ipsorum corpore: quae duo resistunt Monasterio, ...[3]. Aber auch schon aufgrund der allgemeinen Rechtsquellen gehen in Vermögensauseinandersetzungen zwischen einem Kloster oder der Kirche und Abkömmlingen eines Testators die Ansprüche der letzteren stets vor[4], so daß das Kloster bei der Aufteilung des väterlichen Vermögens in keinem Fall gegenüber Susannas Geschwistern Rechte geltend machen kann.

Dieser Ausschluß von der Teilhabe am Familienvermögen Fuchs ist in zeitlicher Hinsicht umfassend und bezieht sich auch auf Susannas Lebzeiten, was bedeutet, daß das Kloster deren Erbschaft sofort und nicht erst nach ihrem Tod wieder herausgeben muß[5]. Dies begründet Dumoulin unter Hinweis auf die „in tota Gallia" geltende consuetudo, nach der ein Vermögensübergang mit dem Eintritt in ein Kloster nicht verbunden ist — die insoweit gegensätzlichen justinianischen Rechtsquellen erwähnt er dabei mit keinem Wort. Daß er sich ihrer jedoch wohl bewußt ist, zeigt seine weitere, hilfsweise „cessante vero dicta consuetudine", Argumentation mit den Umständen, die zu Susannas Eintritt geführt hätten; als 14jähriges Mädchen habe sie, den Schmeicheleien und Überredungskünsten der Klosterleute unterlegen, gegen den Widerstand der Familie das Gelübde abgelegt: „et sic debent moniales carere omni spe lucri et bonorum quae *statim* debent heredibus restitui"[6]. Stehen dem Kloster nun keinerlei, und seien es auch nur

teil der Herausgabeverpflichteten; die hier eine Ausnahme vorsehende Authentike zu C 6, 43, 3 soll nicht eingreifen, weil es sich im vorliegenden Fall um eine vertragliche und keine letztwillige Verfügung handelt (Rdnr. 25 S. 851).

[2] Rdnr. 26 S. 851.

[3] Rdnr. 27 S. 851.

[4] Dumoulin zitiert u. a. c. 43 C. 17 qu. 4; der in Nov. 123, 37 aufgeführte Fall, der den Verbleib eines Vermögens beim Kloster anordnet, liegt nach seiner Ansicht nach hier nicht vor, da es hier um die Herausgabe des Vermögens an die *eigenen* Kinder des Vermögensinhabers geht.

[5] Zur gegenteiligen Rechtsfolge während des Lebens eines Klostermitgliedes X 2, 19, 8. Das von Dumoulin hier benutzte Wort „restituere" könnte ein Anhaltspunkt dafür sein, daß das Kloster schon im Besitz zumindest von Teilen der Erbschaft war, vgl. hierzu oben S. 99 Anm. 1.

[6] Rdnr. 29 S. 852, Hervorhebung von Verf. Die zur Begründung herange-

befristete Rechte an dem Susanna bereits zugefallenen Vermögen zu, sind es und Susanna erst recht von Ansprüchen auf die künftig anfallenden Erbschaftsteile der Geschwister ausgeschlossen[7]. Zur Begründung dieser Schlußfolgerung zieht Dumoulin noch den Vertragszweck heran: „contrahentes ... providere et consulere voluerunt posteris retinentibus et conservantibus familiam, vel cognationem Leosthenis“[8].

Dumoulin kann im Ergebnis also über die Anerkennung eines vertragsmäßigen Familienfideikommisses die Vermögensansprüche des Klosters St. Agnes gegen die Familie Amerbach/Fuchs zurückweisen. Der Einfluß seiner in diesem Gutachten geäußerten Rechtsmeinung ist für die Ausgestaltung des Familienfideikommißrechts in Deutschland hoch einzuschätzen, zumal seine Überlegungen und Lösungsvorschläge gegenüber einem gleichermaßen anerkannten und einflußreichen Juristen wie Bonifacius Amerbach gemacht wurden, von diesem konkret in der Rechtspraxis verwertet und damit verbreitet worden sind[9]. Ob sich diese Meinung allerdings schon in der zweiten Hälfte des 16. Jahrhunderts hatte durchsetzen können, bleibt offen, da Material über den Ausgang und die Entscheidung in diesem Streit nicht überliefert ist.

9.5. Dumoulins Gutachten zur Wirksamkeit des „pactum negativum“

Der von Dumoulin in seinem Gutachten als pactum negativum bezeichnete Teil des Ehevertrages hat für die Auseinandersetzung Amerbachs mit dem Kloster St. Agnes keine unmittelbare Bedeutung mehr. Aufgrund der vermögensrechtlichen Verknüpfung der Familien Amerbach und Fuchs hat der Erbverzicht der zweiten Frau des Leonhart Fuchs jedoch erhebliche Auswirkungen auf die Vermögensinteressen der Kinder von Bonifacius Amerbach. In diesem von Dumoulin so genannten pactum negativum hatte, wie gesagt, Küngolt Vischer als

---

zogene Stelle c. 5 C. 20 qu. 3 konstituiert für einen ähnlich gelagerten Fall zwar auch eine Herausgabepflicht des Klosters, nichts gesagt wird dort aber über den Zeitpunkt der Erfüllung dieser Pflicht.

[7] Konkret geht es bei dieser Ausführung um den Erbteil der im Februar 1552, während Susannas Noviziats (August 1551 bis August 1552), verstorbenen Martha Magdalena Fuchs, einer Schwester von Susanna.

[8] Rdnr. 30 S. 852. Mit diesen Begründungen erübrigt sich seiner Meinung nach ein Rückgriff auf die consuetudo, die den Klosterleuten die Erbfähigkeit abspricht. Auch bei diesem Hinweis auf die Rechtsfolgen des Klostertodes setzt sich Dumoulin nicht mit den gegensätzlichen römischen Rechtsquellen auseinander, geht aber stillschweigend dann noch auf die Pflicht zur Sicherheitsleistung durch das Kloster im Fall einer befristeten Erbmöglichkeit ein (Rdnr. 31 S. 852).

[9] Der kurze, überschwengliche Dankesbrief Amerbachs für das ihm günstige Gutachten findet sich im Anschluß an das Gutachten abgedruckt, Opera omnia, S. 852/853.

die zweite Frau des Leonhart Fuchs bei ihrer Eheschließung darauf verzichtet, ihre Kinder zu beerben.

Nach den Grundsätzen des bereits rezipierten römischen Rechts war ihre erbrechtliche Stellung gegenüber ihrem Mann und ihren Kindern eindeutig: Ein Ehegattenerbrecht bestand aufgrund des justinianischen Rechts praktisch nicht, da der Ehegatte erst hinter allen erbberechtigten Verwandten zur Erbfolge berufen war[1]. Der Ausnahmefall der nichtvermögenden Witwe, die weder eine donatio propter nuptias noch eine dos erhalten hatte[2], lag hier nicht vor, da Küngolt Vischer bei ihrer Eheschließung durch Zuwendungen von Leonhart Fuchs wirtschaftlich abgesichert worden war. Dumoulin zählt im „thema" auf, was sie im einzelnen bekommen hat: „Dein Leosthenes eidem Reginae pro munere nuptiali, sive largitate centum aureos Rhenenses, ex suis bonis cum duodecim poculis argenteis, de quibus liberam disponendi pro moribus Germaniae potestatem dedit, et reditum annuum 40 aureorum et sex medimnorum tritici, et totidem vini in singulos annos solu. matri. quoad ipsa vixisset"[3]. Ein Ausschluß von der Erbfolge gegenüber ihrem Mann bestand also schon aufgrund der gesetzlichen Quellen und mußte nicht erst durch einen Erbverzicht herbeigeführt werden.

Anders war die Lage jedoch ihren Kindern gegenüber. Ein Erbrecht der Mutter gegenüber ihren Kindern war seit dem Senatus consultum Tertullianum grundsätzlich anerkannt[4]. Es stand der Mutter, die das ius liberorum, also drei beziehungsweise vier Kinder geboren hatte, zu, war allerdings noch einmal ziemlichen Einschränkungen unterworfen, wenn Geschwister und Abkömmlinge des Erblassers vorhanden waren[5]. Der Verzicht auf das ius liberorum unter Justinian[6] gab jeder Mutter unabhängig von der Zahl der von ihr geborenen Kinder diesen gegenüber ein Erbrecht.

Die Rangfolge dieses mütterlichen Erbrechts ergibt sich aus den Novellen 118 und 127, 1, in denen Justinian die Intestaterbfolge insgesamt neu und übersichtlich geregelt hat. In der ersten Klasse werden die Abkömmlinge, die Deszendenten, berufen[7]; sind solche nicht vorhanden, erben in der 2. Klasse Vater und Mutter neben vollbürtigen

---

[1] C 8, 2, 3.

[2] Diese Witwe sollte neben den Kindern des Mannes 1/4 des Nachlasses erhalten (bei mehr als 3 Kindern nur einen Kopfteil) — und zwar nur als usufructus, wenn es sich um die Kinder aus der Ehe mit ihr handelte, als Eigentum, wenn es sich um andere Kinder des Erblassers handelte (Nov. 117, 5; die vorhergehende Regelung war Nov. 53, 6).

[3] S. 848.

[4] Inst. 3, 3; ergangen war dieses unter Kaiser Hadrian (117—138).

[5] Inst. 3, 3, 3.

[6] Inst. 3, 3, 4; C 8, 58, 2.

[7] Nov. 118, 1.

Geschwistern[8]; sind weder Deszendenten noch Aszendenten noch vollbürtige Geschwister vorhanden, so erben in der 3. Klasse die halbbürtigen, nur durch einen Elternteil verwandten Stiefgeschwister, an deren Stelle deren Abkömmlinge treten können[9]. Zuletzt zur Erbfolge berufen sind die weiteren Seitenverwandten[10], die hier allerdings nicht in Betracht kommen. Küngolt Vischer ist nach gemeinem Recht also beim Tod eines ihrer Kinder neben ihren anderen Kindern in der zweiten Klasse zur Erbfolge berufen[11]. Leonhart Fuchs' Tochter aus erster Ehe, die mit Bonifacius Amerbach verheiratete Martha Amerbach, ist die Stiefschwester von Susanna, Alban und Martha Magdalena und erbt folglich erst in der dritten Klasse; an ihre Stelle sind seit ihrem Tod im Jahre 1541 ihre Kinder getreten[12]. Da ja Angehörige einer nachfolgenden Klasse erst dann erben, wenn aus den vorhergehenden Klassen niemand da ist, würde das Martha Amerbachs Stiefgeschwistern zugefallene väterliche Vermögen zunächst nur unter diesen und der zweiten Frau aufgeteilt. Ihrem Vater gegenüber waren die Kinder 1. und 2. Ehe als Deszendenten 1. Klasse gleichberechtigt zur Erbfolge berufen gewesen (Nov. 118, 1). Alban, Susanna, Martha Magdalena und die Kinder Amerbachs für ihre Mutter[13] hatten 1546 also je 1/4 des Vermögens von Leonhart Fuchs geerbt[14].

Die gleichberechtigte Beerbung der Kinder erster und zweiter Ehe untereinander hat Leonhart Fuchs durch das pactum affirmativum sicherzustellen gesucht[15]. Seine zweite Frau sollte nun durch den Erbverzicht von Ansprüchen auf sein Vermögen, die nach der gesetzlichen Erbfolge den Ansprüchen der Tochter Martha sogar vorgingen, ausgeschlossen werden. Das pactum negativum diente damit ebenso wie das pactum affirmativum dazu, das Vermögen den Kindern Fuchs und

8 Nov. 118, 2.

9 Nov. 118, 3 pr.

10 Nov. 118, 3, 1.

11 In Höhe eines Kopfteils, Nov. 22, 47, 2; vorangegangene abweichende Regelungen waren Inst. 3, 35 und C 6, 56, 7.

12 Weitere Kinder oder Abkömmlinge aus der ersten Ehe des Leonhart Fuchs sind nicht vorhanden.

13 In der Deszendentennachfolge wird nicht nach Graden unterschieden, so daß Enkel an Stelle der verstorbenen Töchter oder Söhne berufen sind.

14 Daß Alban (und vielleicht auch Susanna) vor der Eheschließung geboren worden sind, steht einer Erbberechtigung nicht entgegen. Seit Konstantin (306—337) konnten im Konkubinat geborene, nichteheliche Kinder durch nachfolgende Ehe der biologischen Eltern in die Stellung von „legitimi" gebracht werden, „legitimatio per subsequens matrimonium"; diese in C 5, 27, 5 pr. wiedergegebene Regelung wurde von Justinian bestätigt in C 5, 27, 10. Erbrechtlich stehen diese Kinder nicht nur den nach Eheschluß geborenen gleich (Nov. 89, 9), sondern auch den erstehelichen (Nov. 12, 4; 18; 89, 8).

15 Vgl. hierzu oben S. 110 Anm. 23.

deren Abkömmlingen zu erhalten; da anzunehmen war, daß die junge Küngolt Vischer nach dem Tod von Leonhart Fuchs noch einmal heiratete und damit die auf sie gekommenen Teile des Vermögens aus der Familie ausscheiden würden, sollte der Verbleib des Vermögens innerhalb der Familie durch einen Erbverzicht gewährleistet werden.

Die Wirksamkeit dieser in einem Vertrag vorgenommenen Regelung könnte, so Dumoulin in der ratio dubitandi, wiederum im Hinblick auf das grundlegende Prinzip des römischen Erbrechts bezweifelt werden, das die Verteilung von Vermögen nach dem Tod eben nur auf Grund einer Testat- oder Intestaterbfolge zuläßt: „Haereditates enim lege propinquis, extraneis vero testamento dantur, non pactis, etiam nuptialibus et favore matrimonii contractis“[16]. Daß es sich bei dem vertraglichen Verzicht um eine in diesem Sinne unzulässige Erbfolgeregelung handeln könnte, folgert Dumoulin aus dem Inhalt des Vertrages, der sich eindeutig auf das gesamte Vermögen des Leonhart Fuchs bezöge und sich nicht auf einzelne Gegenstände oder Teile der Güter beschränke[17].

Gleichwohl hält Dumoulin in der ratio decidendi auch das pactum negativum für wirksam. Seine erste Überlegung hierzu ist die, daß negative vertragliche Erbfolgeregelungen, also solche, die eine bestimmte Erbfolge ausschließen, nur den Pflichtteilsberechtigten verboten sind: „quia nullo jure prohibitum invenitur pactum negativum, ..., nisi in filia legitima ... et consequenter in omnibus legitimis descendentibus, quibus hereditas non solum a lege defertur, sed etiam debetur“[18]. Zweitens habe der Verzicht einer Mutter auf die Erbfolge gegenüber ihren Kindern die vor Erlaß des Sc. Tertullianum bestehende Rechtslage wieder hergestellt, und auch dieser Rekurs „ad ius pristinum“ spreche für die Wirksamkeit eines solchen Vertrages[19].

Den Beweis, daß der Erbfolgeverzicht auch nicht gegen die guten Sitten verstößt, führt Dumoulin allein mit moralischen Wertungen. Er scheint in diesem Punkt einen allgemeinen Konsens vorauszusetzen, der offene Parteilichkeit erlaubt und eine neutrale, rational nachvollziehbare Argumentation nicht erfordert. Eng und streng sind dabei die Maßstäbe, die er an ein nicht in Ehe zusammenlebendes Paar legt. Bezeichnet er den Konkubinat insgesamt schon als „illicitus et

[16] Rdnr. 2 S. 848; er beruft sich u. a. wieder auf C 2, 3, 19 und C 2, 3, 30 (vgl. oben S. 107 Anm. 3) und die einschlägigen Stellen C 5, 14, 5 und C 8, 38, 4.

[17] Rdnr. 3 und 4 S. 848.

[18] Rdnr. 5 S. 848. C 3, 28, 35, 1 zum Beispiel läßt für diesen Fall die Klage „De inofficioso testamento“ trotz gegenteiliger vertraglicher Vereinbarung zu.

[19] Rdnr. 6 S. 848/849; zur Argumentation, daß der Rückgriff auf eine frühere Vereinbarung oder früheres Recht legitim ist, zitiert er nur pauschal die „gloss. et omnes doctores“ zu D 2, 14, 27, 2 und VI Lib. sext. 3, 4, 3.

probosus", so wird seine Haltung völlig abwertend in der Beurteilung der Frau. Sie durch Heirat aus dem schändlichen Zustand des Konkubinates zu erlösen, sei ein großzügiger Akt der Barmherzigkeit seitens des Mannes, der nicht nur gegenüber der Frau verdienstvoll sei, sondern zugleich auch allgemein der Wiederherstellung der guten Sitten diene: „Praetera ista conventio nullo modo est contra bonos mores, ..., sed conformis bonis moribus, et utilis in politia, et republica, et valde favorabilis", und: „Primo fuisse actum magnae misericordiae, et valde favorabilem, ..., nempe ut concubina fieret uxor, atque vilis, et abjecta, imo vilior omni ancilla, ut pote etiam turpis, ... fieret honesta materfamilias"[20]. Welcher Mann nun würde dies aber noch tun, wenn er sich durch einen entsprechenden Ehevertrag nicht wenigstens wirksam vor finanziellen Nachteilen schützen könnte: „Quis autem vellet deinceps, praesertim legitimos habens filios ex honesta praedefuncta uxore vilem, et inopem concubinam in uxorem assumere, si pactis nuptialibus (praesertim in favorem filiorum legitime ex priore uxore natorum) postea contravenire liceret?"[21]. Seiner Lebensgefährtin widerfahre ja schon allein durch die Ehe so viel Wunderbares und Ehrenvolles, daß sich finanzielle Zuwendungen erübrigten: „Haec misericors metamorphosis tanti momenti est, ut etiam solo titulo conjugii eidem ibi Reginae, et magnifice, et honorifice consultum dicatur etiamsi nulla ei facta esset donatio propter nuptias, et nihilominus spes successionis filiorum eidem adempta esset, ..."[22].

Zum Beweis der Zulässigkeit der von Leonhart Fuchs vorgenommenen ehevertraglichen Vereinbarung führt Dumoulin dann noch die allgemeine Meinung zur Heirat standesungleicher Personen an. Der Verzicht des sozial niedriger stehenden Partners auf normalerweise mit der Ehe verbundene Ansprüche wird auch hier als wirksam anerkannt und für kompensiert angesehen durch die Ehre, die eine solche Heirat für den standesniedrigeren hat: „Quia ignobilis non dicitur laedi, nec pauperior fieri, etiamsi de jure suo dimittat: quia compensatur cum honore splendioris conjugii assequendo, vel assequuto, et sequitur"[23]. Da Küngolt Vischer durch die Ehe mit Leonhart Fuchs nun nicht nur diese idellen Vorteile erlangt hat, sondern auch in materieller Hinsicht großzügig bedacht worden ist[24], bestehen im vorliegenden Fall Bedenken gegen die Wirksamkeit ihres ehevertraglichen Erbfolgeverzichts umso weniger.

---

[20] Rdnr. 8 S. 849.

[21] Rdnr. 9 S. 849.

[22] Rdnr. 9 S. 849.

[23] Rdnr. 11 S. 849; Dumoulin beruft sich allgemein auf die Ausführungen der Glossatoren zu C 5, 11, 4.

[24] Siehe oben S. 113.

Dumoulin geht noch auf die Minderjährigkeit der Küngolt Vischer bei Abschluß des Vertrages ein, die dessen Wirksamkeit allerdings auch nicht entgegenstehe[25]. Abgesehen davon, daß eine Frau, die „habilis ad nuptias" auch zugleich „habilis ad omnia pacta congrua" sei[26], bringe der Ehevertrag ihr keinerlei Nachteile, so daß sie gar nicht besser hätte beraten sein können, als diesen in der geschehenen Art und Weise abzuschließen.

Der allgemeine Hinweis, daß Vereinbarungen in Eheverträgen wegen deren grundsätzlich wichtiger Bedeutung erhöhte Wirksamkeit zukomme[27] und der Schluß a maiore ad minus aus der Tatsache, daß selbst Erbverzichte von Töchtern gegenüber ihrem Vater unter bestimmten Bedingungen zulässig sein können[28], sind weitere Überlegungen zur Gültigkeit des pactum negativum, die Dumoulin noch dem gemeinen Recht entnimmt.

Abschließend belegt er die Richtigkeit des Erbfolgeverzichts und seine Übereinstimmung mit dem allgemeinen Rechtsgefühl mit dessen weitverbreiteter Verwendung in der Praxis; den Geltungsanspruch von Sitte und Gewohnheit als Recht leitet er dabei aus den Digesten her[29].

Dumoulin kommt dann zum langobardischen Lehnrecht und zitiert aus den Libri feudorum[30] den Titel 29 des zweiten Buches, „de filiis natis ex matrimonio ad morganaticam contracto" und verweist damit auf die erste Aufzeichnung über die morganatische Ehe oder Ehe zur linken Hand[31]. Ad morganaticam oder lege Salica[32] heiratete nach dieser Rechtsquelle ein Mann die standesniedriger stehende Frau, um deren Eintritt in seinen Rang und seine Familie mit den damit verbundenen vermögensrechtlichen Folgen zu vermeiden. Eine solche morganatische

---

[25] Rdnr. 12 S. 849.

[26] Rdnr. 12 S. 849; er zitiert hierfür als Beleg u. a. D 23, 4, 8, wo die Vertragsfähigkeit Minderjähriger im Fall der Verhinderung des paterfamilias anerkannt wird (patre furente vel ab hostibus capto).

[27] Rdnr. 5 und 10 S. 849.

[28] Rdnr. 13 und 14 S. 849/850.

[29] Rdnr. 15 S. 850; er zitiert u. a. D 1, 3, 32 und 33. Es geht Dumoulin hierbei nicht um ein kollisionsrechtliches Problem, sondern um die grundsätzliche Geltungsmöglichkeit ungeschriebenen Rechts.

[30] Diese Rechtssammlung war entstanden im 11. und 12. Jahrhundert und als decima collatio in das Corpus iuris civilis aufgenommen worden (im einzelnen mit weiterführenden Literaturangaben Schröder / Künssberg, Rechtsgeschichte, S. 758 und HRG „Libri Feudorum").

[31] Letztere Bezeichnung weist auf den abweichenden Trauungsritus hin.

[32] Morganatisch heißt die Ehe, weil die Frau bei der Eheschließung statt des üblichen Wittums zur vermögensrechtlichen Sicherstellung nur eine Morgengabe erhielt (Hübner, Privatrecht, S. 100 und 608/609; HRG „Morganatische Ehe"; zu abweichenden Begriffserklärungen Stobbe, Handbuch IV, 45 Anm. 5). Der Hinweis auf das salische Recht ist unerklärt. Weder in der Lex Salica noch in sonstigen Quellen ist eine derartige Eheform belegt.

Ehe, die im übrigen als vollwertige Ehe galt, hatte die Besonderheit, daß der Frau und ihren Kindern nur die Vermögens- und Erbrechte zustanden, die ihnen im Ehevertrag ausdrücklich eingeräumt worden waren. Unter dem Gesichtspunkt einer solchen Ehe ist die vertragliche Vereinbarung zwischen Leonhart Fuchs und Frau Küngolt zulässig. Da sie lediglich den Erbfolgeverzicht der Frau enthält und die vermögensrechtlichen Ansprüche der Kinder unberührt läßt, bleibt sie vom Umfang her sogar hinter dem in einer morganatischen Ehe zulässigen Ausschluß von vermögensrechtlichen Ansprüchen zurück: „Si ergo consuetudo etiam matrem secundam conjugem, et filios ex ea excludere potest, multo magis solam secundam conjugem, filiis illius vocatis ad aequalitatem cum liberis prioris, et splendidioris matrimonii“[33].

Die Wirksamkeit des in dem pactum negativum ausgesprochenen Erbfolgeverzichts der zweiten Frau des Leonhart Fuchs hat zur Folge, daß die Ansprüche der Kinder Amerbachs am großväterlichen Erbe nicht durch Ansprüche dieser zweiten Frau geschmälert werden: „Omnia bona restituenda (sunt, Anm. d. V.) liberis, seu per legitimum matrimonium descendentibus Aretiae post obitum omnium, vel postremi omnium filiorum Reginae ...“[34]. Diese aus dem pactum negativum resultierenden Folgen behandelt Dumoulin am Ende seines Gutachtens; er stellt hierbei auch noch einmal klar, daß Küngolt Vischer auch nicht unter Berufung auf ein Pflichtteilsrecht oder den Quart der armen Witwe etwas zurückbehalten dürfe, ihr Erbverzicht also umfassend sei[35].

Im Ergebnis führt nach Dumoulins Gutachten der Ehevertrag des Leonhart Fuchs also dazu, daß der Vermögensanteil von Susanna unter Alban Fuchs und Amerbachs Kindern, die an die Stelle ihrer Mutter getreten sind, aufzuteilen ist[36]. Susanna und das Kloster haben aufgrund des pactum affirmativum, Küngolt Vischer aufgrund des pactum negativum keinen Anteil daran. Wie bereits gesagt, kann dem bisher edierten Material der Amerbachkorrespondenz der Ausgang des Streits um Susannas Erbe nicht entnommen werden; die Darstellung der causa matrimonialis und der mit ihr zusammenhängenden Rechtsstreitigkeiten muß daher an diesem Punkt abbrechen.

Resümiert man die aus der Verbindung von Susanna zu Jölin entstandenen tatsächlichen und rechtlichen Verwicklungen, so ergibt sich im Februar 1555 — aus dieser Zeit stammt die letzte edierte Äußerung Amerbachs zu diesem Problemkomplex, der Dankesbrief an

[33] Rdnr. 16 S. 850.

[34] Rdnr. 32 S. 852.

[35] Rdnr. 32 S. 852; er zitiert hier u. a. D 29, 2, 1: „Qui totam hereditatem adquirere potest, is pro parte eam scindendo adire non potest“.

[36] Martha Magdalena Fuchs war 1552 gestorben.

Dumoulin — folgendes Bild: Die Ansprüche des Knechtes Jölin auf Führung der Ehe mit Susanna waren von ihrer Familie erfolgreich abgewehrt worden; erledigt hatten sich auch die weiteren Streitigkeiten, die Vermögensarrestierungen und die Abtreibungsgeschichte; Susanna selbst war im Kloster, der Verbleib ihres vom Vater ererbten Vermögens noch strittig. Wie aus der Tatsache, daß in dieser Frage von Dumoulin eine Stellungnahme angefordert wurde, geschlossen werden kann, ist die Familie hier keineswegs gewillt zu verzichten, sondern macht sich auf einen ausgedehnten Rechtsstreit gefaßt — über dessen Ausgang Prognosen anstellen zu wollen, wäre Spekulation.

10. Tabelle der Verwandtschaftsverhältnisse der Familien Fuchs und Amerbach

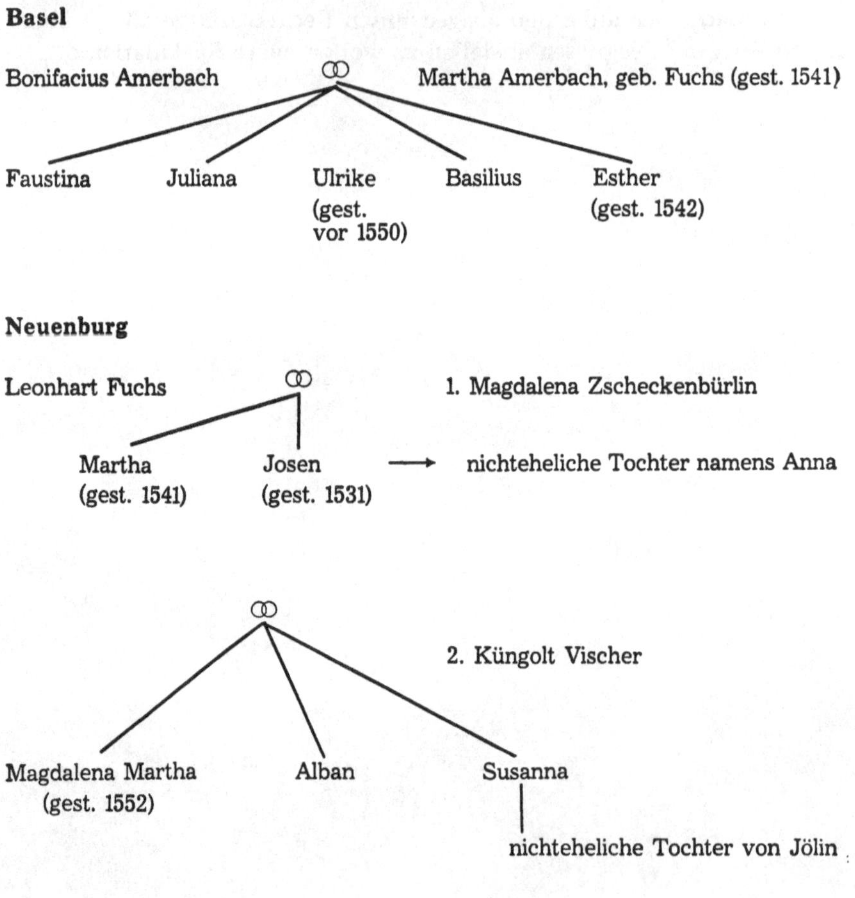

Die Familienmitglieder, bei denen kein Todesdatum vermerkt ist, leben zur Zeit der dargestellten Konflikte noch.

11. Anhang

Brief des Pfarrers Truckhenprot vom 22. Juli 1552 an Susanna

Die Transkription erfolgte nach dem in der Universitätsbibliothek Basel befindlichen Original (Manuskript G^2 I 20^b) und orientiert sich an den Editionsgrundsätzen der Amerbachkorrespondenz, wie sie von Alfred Hartmann in Band 1 S. XII und Beat Jenny in Band 5 S. XI/XII dargelegt worden sind, und den von Johannes Schultze 1962 herausgegebenen Richtlinien für die äußere Gestaltung von Texten.
Im einzelnen habe ich

— große Buchstaben nur bei Satzbeginn, Eigennamen und Titeln verwandt und

— Trennung und Verbindung von Wörtern nach heutigem Sprachgebrauch vorgenommen.

— Ebenso nach heutigen Regeln erfolgte die Interpunktion.

— I und J waren im Manuskript oft nicht voneinander zu unterscheiden; deshalb und im Hinblick auf die bessere Lesbarkeit habe ich diese nach heutigem Gebrauch verwandt.

— Konsonantenverdoppelungen habe ich beibehalten.

— Klammern des Verfassers sind in Gedankenstriche aufgelöst;

— in Klammern hinzugefügt habe ich zur besseren Lesbarkeit offensichtlich versehentliche Auslassungen des Verfassers.

— (?) bedeutet, daß ich den betreffenden Buchstaben oder die Silbe nicht entziffern konnte.

Seiner freünttlichen lieben tochter im Herren Süsannen Füchsin in S. Agnesen closter zu Frypurg im prysgaw zu handenn.

Gnad, frid, erkhanndtnuß gottes vnd deinen selbs wunsch ich dir meine liebste leertoch(t)er von hertzen, sampt erbiettung meins willigem diensts, vnd was ich liebs, ehren vnd guts vermag gegen gott vnn im zeit sey dir von mir allzeit bevor.

Luc.: xv Es sagt Christus Jesus vnser ainiger seligmacher im Evangelio ain glichnis zu den Pharißeern, die sich ab ime ergerten, das er die sunder auffnahm. Welcher ist vnder euch ain mensch, der hundert schaff hat, vnd so er ains von denen verlurt, das er nit die nunvndnüntzig lasse in der wüste vnd hingang such ds, bys erß findt, vnd so erß funden hat, auff sein achsel nemme vnd haym trag, berieff seine frundt vnd nachpa(?)ren, das sy sich froewen mit im uber dz funden schaff, das verloren was. (?) So dann der mensch so sorgfeltig ist vmb ain schäffle, das er verloren hat — welchs doch ain clainer verlust ist — das er der andren allen nit achtet, wievil mehr sol dann ain wares Christ, ja ain jeder vatter, wa ain schäffle, dz ist kindt gottes, das da nach der pildtnus vnd glichnus gottes erschaffen vnd ain ware, lebendige contrafayt gottes ist, vnd abtridt irrsgadt, ja gar an lyb vnd seel — wa es nit widrfunden — verloren wirt, sorgen sol, das er solchs so winderumb find vnn g(?), damit er nit allain sampt gantzer freundtschafft, sonder auch hiemit alles hymmelisch heer, erfröwt werden. Diewil ich dann ain vatter byn vnd der leer khinder vil — vndr denen du auch ains geweßen bist — knaben vnd tochteren, edel vnd vnedel, die ich nit allain schriben vnd leßen, sonder auch in warer religio, glauben vnd gotzforcht, in gutten sytten vnd tugend aufferzogen vnd geleert hab; vnnd aber von den selbigen — gott hab lob — mir doch khaineß mißradten, khains von meiner leer vnnd au(?)iehen empfallen, dhainß daruon abgetredten, irrsgangen ist, dhaines nit verloren hab — der lieb gott welle sy witer erhalten — dann dich — laider, gott mueß erbarmen —. So khan ich ye auch nit vnderlassen, die vätterliche truw vnd sorg, so ich allzit gegen euch meinen lieben leerkhindern getragen, auch die liebe vnd diennstlich willen vnd wolmaynung, so ich gegen den ewern gehabt, auch der groß khumer, lyden vnd truren deiner ehrenliebenden, hochgeachtetten, frommen eltern vnd freundschafft, so sy von dein wegen tragen vnd haben, tribt vnd bringt mich, dich mit dyßer schrifft anzusprechen, ob ich dich finden vnd gewunnen möchte, damit sy, alle engel vnd alles hymmelsch heer, ja auch alle waren gläubigen erfroew(?) vnd harumb gott lob vnd dank sagen möchtendt. Der vatter aller gnaden vnd barmhertzigkhait, der gott alles trostes, der erleuchte dich vmb Jesu Christi, seines sons willen, durch seinen hailgen gaist, das du mit gläubigen hertzen dyßes mein schreiben fassest, dem volgest vnd dich also darmit finden vnd gewunnen lassest, Amen.

Mein recht hertz liebe tochter Susanna. Du khanst nit abred sein, du must mir desse — glich wie andere auch — khundschafft geben, das ich dich sampt den andren geleert vnn, das ir solchs nit vergessendt, furgeschriben vnd täglichen mit euch getriben hab. Nemlich: So wir Christenleut, khinder gottes sein, vnd in hymmel khumen vnd selig werden wellen, so sey vnnß hochdienstlich darzu, ja von grossen nödten, dyße nachfolgennde stuck oder puncten zu wussen, zu glauben vnd das leben darnach zu richten. Vnnd erstlich, das der mensch wisse, was er
Rhöm.: x glaub vnd glauben solle, dasselbig leer inn das h. göttlich wort — auß welchem der glaub kumbt — vnd die xij stuck vnsers alten waren christenlichen glauben. Also: das

ain Christenmensch von hertz glauben vnn mit mündt bekhennen sol — wil er anderst by gott gerecht vnnd auch
Rhöm.: x
selig werden — das gott vatter, sun vnd hailig gayst nit mehr dann ain ainiger, ewiger, allmechtiger, allwussender, warer, lebendiger, vnzertrendter gott sey vnd plybe in dewigkait, wol dry in perßonen, aber ainig im weßen vnd als ain ainige, hertzliche, gwusse zuversicht. S(?)es vertruwen habe auf die blossen gnad, barmhertzigkhait vnn liebe gott des vatters vnd auff den ainigen verdiennst vnd f(?) gott des sons vnsers Herren Jesu Christi, auch auff die crafft, insprech vnn triben gott des h. gaysts vnd gott loben, danck vnd prißen. Item glauben, was gott in seinem h. wort verhaist, anbutet vnn furtregt.

Zum andern hab ich auch geleert vnd gesagt, das ainem Christen, der selig werden welle, von hochen nödten sey, das er wusse, was gott von ime erfordere, was er thun vnd lassen, wie er sein leben hie auff erden anrichten, firen vnd — damit es gott gefalle — halten solle, das leere inn das h. göttlich wort, welchs gott von vnß geglaubt vnd gehalten haben wil — dwil es seinen ewig bstendigen vnnerruckten göttlichen willen anzaige — insonders aber leere inn sollichs die x gepott vnd das gesatz der natur.

Zum andern oder drytten ist ainem Christen von nödten, das er sein aigne art vnn natur erkhenne. Also das er
ps.: li
wusse, das er in sunden empfangen vnd geporen sey vnd seines hertzen gedanckhen von jugendt auff zu bößem genaigt seyen, ja so gar verderbt, das kain guter gedanckhen
Genes.: vi, viij
nit in im sey, ja von muter lyb ain kindt des zorns ge-
17 Cor.: iij
poren werde, vnd wa vnß gott nit wider begnadet durch
Eph.: ij
seinen sun vnd durch den h. gaist nit widergepurt, so mugen wir nit ins hymmelrich khumen, vnd er vns nit das
Joh.: iij
wellen vnd verbringen das gut gibt, so vermögen vnd
Philip.: i
können wir nudt, denn es ist nit des lauffenden, nit des
Rhöm.: ix
wellenden, sonder des erbarmenden gottes. Auch der glaub
Eph.: ij
ist ain schenke gottes, damit der mensch nudt hab, des er sich rhümen möge. Darumb dem menschen hiezu von nödten ist, das er wusse, wa er hilff vnd trost suchen vnd nemen solle — dwil er auß seim selbs nichs vermag guts zethun — damit er glauben haben, glaubes furcht ver-
Genes.: xv und xvij
bringen, die x gepott halten vnd ain recht gottseliges leben füren möge, nemlich allain by gott dem allmechtigen, der vnerschöpfften volkumnen gnüge alles guten dem
Jher.: ij
brunnen des lebendigen wassers. Das leere inn das aller hailigost vnd wurdigest gepott, vnsers herren Jesu Chri-
Math.: vi
sti, das Vatter vnser. Darinn er gnugsam finde, wie er
Luc.: xi
gott halten, wie vnd warumb vnd was er bitten sol.

Zum fierdten hab ich dich geleert, das ain Christ, der selig wil werden, in ainem sollichen standt sol sein, der gott gefalle, den gott geleert, gepotten vnd geordnet vnd seinen vrsprung vnd grundt in vnd auß gottes wort hab vnd ain jedes in seinem standt, gott getruwlich vnd geflissen diene, darinn verplibe vnd verharre. Dißes alles hab ich dich, mein liebste tochter, geleert. Das du die fier puncten wussen, glauben vnd halten sollist — vnd dich anderst nit lassest leeren — wellest anderst seligkhait erlangen. Welches aber du layder nit gethon, gar ausgeschlagen vnd invergess gestelt, vnd hast dich selbst — wa du anderst in deinem furnemen verharrest vnd dich mein schriben nit zefolgen, annymbst — aller gnaden gottes, des ewigen lebens beraubt vnd ewig verdampt.

Ursach. Du hast — so du ain nonn plibst — den glauben auff gott vatter, son vnd h. gayst, ob du glich zu teglichen sprichst vnn singst, in deinem hertzen verlassen. Denn du nit auß gnaden gottes, durch den ainigen dienst Christi, sonder durch deinen orden, durch deine werck, vnn nonne (?) die gnad gottes, ablaß der sunden vnd ewiges leben, dir vnd andern leuten verdienen wilt. Schlechst also aus vnd hebst auff die gnad gottes vnd
Rhöm.: xi den todt Christi. Zudem so thustu nit, waß dich gott ge-
Gal.: ij haissen hat, haltest die x gepott nit. Im ersten gepott der
Exo.: xx andern taffel Mos. gepeut er dir, du sollest vatter vnd muter in hohenn ehren halten. Das ist, sy hoch, theur, lieb vnd werd halten als die, durch welche dich gott erschaffen vnd auff erden khumen lassen. Du sollist inen alle gehorsame, vnderthennigkait, alles guts, erzaigen vnd thun. Das hastu, mein liebs khindt, gar grob ubersehen. Du schlechst auß alle gehorsame vnd d(i)enst deiner hertz liebsten muter, die dich so fain erarnedt, schwärlich getragen vnd geporen hat vnd hart erzogen. Was grosser sorgen, vnruw, mhü, arbait, angst vnd nodt, khumer vnd lyden hastu iren angestattet. Du achtest auch nit diener geschwisterig vnd insonders deines gtruwsten vnd geliebsten herrn schwagers, ja vatters Doctor Amerbachen vermanungen, getruwen dienst vnn ernstlichen bittens, so er dir gethon vnn bewißen hat vnd noch bewißen vnd thun möcht, verachtestu vnd schlechsts alles in windt. Ja, du schendest deinen frummen herrn vnn vatter seligen vnderm grundt, der in seinem todtbetth — dwil er dich wol kandt vnn gwust hatt, dz du frylich kain nonnenflaisch an dir hast, gott geb, wie du jetz verzobert vnd beredt bist worden — seinen liebsten herrn vnd tochtermannen Doctor Amerbach gebetten vnd befolhen, das er dich — so er dein vatter gesterb — zu im nemen vnd, so du zu deinen tagen khummest, dir ain man zu Baßel geben solle; das waistu vnd mengklich, das sollichs deines ehrenliebenden vatter seliger gedechtnus letster will vnn maynung ist gesein, vnd das gdachter hrd. Doctor dem gern statt gthon hett vnd auch noch gern thun wolte, wo du anderst ime volgetest, dem gepott gottes gehorsametest vnd den letsten willen deines lieben herrn vnd vatters seligen erstatten wolest.

Mainstu, das du selig werden vnd ins hymmelrich khummen wellist, so du also gottes gepott gegen deinen

elteren vnnd deines vatters letsten willen vmb mensch satzungen willenn ubertridtest vnn haltest. Nain gewiss
Deut.: xxvij nit. Dann gott spricht, verflucht sy ain jeder mensch, der da nit plibt in allen den worten, die da gschriben seind in dem buch des gesatzes, das erß thu. Vnd Chr(is)tus
Math.: xix sagt zum jungling, der inn fragt, was er thun solt, dz er ins hymmelrich khäme: Wiltu ingon ins hymmelrich, so halt die gepott gottes. Hörstu hie, er haist in nit in ain closter gon oder ain pharißeer werden, sondr die gepott gottes halten. Vnd S. Jacob spricht: so jemandt das gantz
Jac.: ij gesatz helt, vnd sundiget an ainem, der ist gantz schuldig. Siech jetz, mein liebs kindt, ob du nit ain verloren schäffl(e) seyest, wenn du also beharren wilt.

So du dann den drytten puncten — so ainem Christen, der bgert selig zu werden, von nödten ist — an dhand nymbst: ach, wie ubel felstu da. Du kenst dich selbs nit vnd nymbst deinen selbst warlich nit war. Du gedenckst nit, das du plut vnd flaisch bist, darzu hubsch, frisch, jung vnd starck. Das du von gott erschaffen bist, das du ain muter sein vnd kinder geperen kanst, welchs du auch mit der that bewyßen hast. Desse widrestu dich jetzt, vnd last dich gott zu seinem wer(?)kzug nit brauch, das er durch dich die welt mehrete vnn hailgen in hymmel machte. Zudem so suchstu nit hilff allain by gott, sonder auch by den hailgen. Vertruwest gott nit allain, sonder bist auch auff deinen orden vertröst. So dienstu gott nit allain, sonder den hayligen vnn dem orden. So bettestu gott nit allain an, sonder auch die hailgen. Du bettest auch nit, wie dich Chr(ist)us geleert, sonder wies deines ordens regel in sich hat. Vnd bettest in solcher sprach, die du nit verstast. Du hörst dich selbs nit, vnd wilt, das dich gott verstandt vnd erhöre. Vergebens vnd vmbsunst ist solchs dein anbetten wie gott durch den propheten Esaiam
Esa.: xxix vnd Christus sprechen. Mainstu dann, das du darmit in
Math.: xv dz hymmelrich wellist khumen?

Main liebs khindt, wenn du dann den fierdten puncten an die handt nymmbst, von dem ich doben gs(c)hriben, so befindt sich, wie wydt du hir abgetredten vnd irrsgangen bist, vnd wa du nit widerkherest, gar verloren
Leuit.: xxvi wirst. Dann ye gott nudt gefallt, denn das nach seinem
Deut.: xxviij willen vnd gepotte geschiecht, in welchen er seinen ewig
Esa.: lv bestendigen vnuerruckten willen angezaigt, aufgetruckt
Jhre.: vij und darzu gepotten hat, das man sein wortt hören, dem
Deut.: iiij xij glauben, darnach leben vnd in dem unuerendert (?)yff plybe, nit nach vnserm gutdunken handlen, nudt darzu, noch von thun sollen. Wer dem also nachkhumme, der werde leben, fridliche zeit vnn hie vnd dort gnug haben. Wa nit, so werde er das widspil empfinden, darzu hie vnd dort gestrafft werden, auch sampt seiner leer vnd satzun-
Math.: xv gen aufgerudtet werden. Dann also spricht Christus: Alle pflantzung, die mein hymmelscher vatter nit gepflantzet hat, wirt aufgerudtet. Da musten vor gott alle orden vnd
Math.: vij stifften zugrundt gon. Vnd billich. Dann sy nit auff den

velßen Christum gepuwen seindt. Nun besiech deinen
1 Cor.: iij standt, so findestu, das du in ainem solchen standt bist,
der gott nit gfalt, von gott nit gepotten, in seinem wort
nit gegrundt, sonder von mensch erdacht, auffgesetzt vnn
pflantzt ist. Darum dein standt, du vnn deines glichen
vfgerudtet vnd darmit verdampt werden. Denn hiezu
wiltu dich erst auch wie sy mit den closterglübten der
kuischait, armut vnd gehorsame inß closter lassen verbinden.
Wie lang nun du von hertzen, mit synnen vnd
gedanckhen, auch des lybs halb, warlichen kuisch sein vnn
pliben vnd solche ware gaystliche kuischait — so gott von
1 Cor.: ij dir vnd allen Christen erfordert — halten vnd darinnen
pliben mögist, waist niemandt baß denn gott vnn der
gayst, der in dir ist. Es ist warlich wenigen geben, eß kan
(?).: viij niemandt sich enthaltenn, denn denen es geben ist. Wenn
du nun anfechtung, lust vnd brunst empfindest — wie
onzwiffel du in deinem hertzen vnd flaisch sydhar wol
empfunden hast — so volg dem H. Paulo vnd gryff zur
ehe. Denn es ist besser — spricht er — ehelichen denn
brynnen. Schuch den ehelichen standt nit, welches der
allerhayligest standt vnd orden vff erden. Dann khain
engel, kain pabst, khain hailg oder munch oder nonn
hat inn auffgesetzt, sondern gott vnser schöpffer vnd
Genes.: ij. iij herr selbs, vnd dz auch im stadt der vnschuldt vnn nach
dem fal wider bestätig(?) hat, darzu vil glucks vnd guts
Ps.: cxxviij verhaissen vnn selbs gebenedeiet. Ghott (?) auch kainen
standt, kaine orden nit verglicht dann dem ehelichen
Ose.: ij standt. Hat auch seinen Jesum, vnsern ainigen Haylandt
Luc.: j vnd mytler von ainer vermechletten junckfen wellen geporen
haben. Christus Jesus ist selbs auch mit seiner
Joh.: ij muter vnd seinen jungeren auff die hochzit gang, die ehe
bestätig(?) vnd mit seinem ersten wunderzaichen verehrt.
Heb.: xiij Paulus nendt die ehe ehelich by allen vnd darzu, dz ehebeth
vnbefleckt sein. Darumb so ist kuischait zu globen
gottlos, gestracks wider gott vnd sein H. wortt.

Gehorsame zu laisten seindt wir alle schuldig, zuforderst
gott, demnach denen, die er vns furgesetzt vnd geben hat
Rhom.: xv als vnsere elteren vnd oberkait. Das wir nit genaigt
vnuerdrossnem, vngezwungnem willen ime, seinem wortt
vnd denen, so er vnß inen zekorsamen gepotten hat, gehorsamen.
Solche gehorsame erfordert er vonn vns vnd
gefallt im baß denn alle opffer. Wer sich nun diser ober-
1 Reg.: xv kait widersetzt, der widersetzt sich gott vnd seiner ordnung.
Vnd darmit dir selbs vnd ander leuten gnad vnd
ablaß vn ewigs leben verdienen. Ach mein khindt, waß
wiltu gott globen, das du aintwederst in deiner macht vnd
mögen nit ist, oder das du zu halten vnd zu thun sunst
schuldig bist. Gott fordert von allen menschen rhaynigkait,
die aber nit allain im flaisch, sonder auch im gayst
stadt. Nemlich, nudt begeren, zum lust des flaisches nit
Math.: v brynnen vnd brunst oder begirdt haben, darumb Christus
die selig spricht vnn inen das sy gott schwoen wer-

1 Thess.: iiij den zusagt. Darnach, das man auch den lyb mit worten, wercken vnd geberden kuisch vnd rhayn halten sol. Dise kuischait aber usserhalb der ehe, hat Christus nit gepotten, sonder vil mehr darwider geleert vnd dauon gezogen vnd allen menschen abgeschlagen, denn allain
Math.: xix denen es von gott gegeben ist. Ursach: das gott der vatter — Genes.: ij — spricht, es ist nit gut, daß der mensch allain sey. Wir wellen ime ain gehilffen schaffen, der ain nechsten by im sey — ists nit gut allain sein, so muß gut salbander seyn — damit man nit dem greulichen abgott
Leuit.: xx moloch diene, das doch gott zum höchsten zuwider ist. Vnd auch Pauly sagt, es sey besser ehlich werden, dz ist,
1 Cor.: vij in die ehe griffen, weder brennen. Vnd hurey zu vermiden, hab ain jede iren man. Dann die hurerer wirt gott
1 Cor.: vi richten vnd werden kain thail haben am rich gottes. Vnd
Gal.: v Heb.: xiij wyter spricht Paulus: das ist der will gottes, ewer Hayli-
1 Thess.: iiij gung, das ir euch entziehen von hurey, vff das ain jeder wusse, sein fass zu behalten in hayligung vnd ehren, nit in der lust sucht wie die haiden, die von gott nichs wussen. Zudem wie gott nit allain die vsserlichen, lyblichen rhaynigkhait, sonder auch die innerlichen vnd gaystlichen rhaynigkhait erfordert, also auch strafft vnn verdampt er nit allain die vsserlichen vnd lyblichen vnrhaynigkhait, sonder auch die innerlichen vnd gaystlichen. Denn der
Math.: xv God siecht dz hertz an, dz verunrhayniget vnd verdampt. Deshalben dise bayde rhaynigkayten, die gaystlich vnd lyblich, nit in vnser macht standt vnn doch gott zelaisten schuldig.

Demnach seindt wir auch gehorsame schuldig allen menschen, dann so dich ainer thußent schrytt zwingt, so
Math.: v gang zwaythußendt mit im, spricht Christus. Vnd die liebe sucht nit das ir, spricht Paulus, sonder ist gflissen
1 Cor.: xiij vnn beraidt, jedermann zu dienen vnd nutz ze sein. So leerts vnß Christus auch mit dem gesatz der natur,
Math.: vij sprechende: was ir wellen, das euch die menschen thugen, das thundt ir inen. So seindt alle gläubigen ain lyb an dem haubt Christo. Diser lyb erfordert aller dingen ain-
Rhom.: xij trechtigkait, liebe vnd dienst. Derhalb so ist closterglubt
1 Cor.: xij der gehorsame ain waren vngehorsame gestragkts wider
Eph.: liij gott vnd sein hayliges wortt.

Armut ist auch allen menschen gepotten, die selbig
Math.: v aber stadt im gayst. Also das man weder von innen noch vonn aussen ettwas habe, dess man sich — vsserhalb
Ps.: lxij gottes — vertröste. Der zeitlichen güter halb, ain fry
1 Timoth.: vi gemuet hab, das hertz nit daran heffte, die mit allen
Act.: iiij menschen gemain hab, den armen, durfftigen, krancken, wittwen vnd waissen darmit diene, deren sich nit anderst, dann als ain schaffner annemme vnd das er der tagen ains seinem herrn rechnung darumb geben müße. Ja betracht, das gott spricht, ich wil vnd hab lust an der
Ose.: vi barmhertzigkait vnd nit am opffer. Vnd Christus spricht,
Math.: ix xij war ir dem geringsten der meine aim gethon hab, das hab

Math.: xxv ir mir gethon. Vnd so dann der mensch zitlichs guts halb arm sey, das er solchs gdultig trag, in seinem beruff dem Herren gtruwlich diene vnn anhange, der Herr wirt inn
Ps.: xxxvij nit lassen. Was im am zeitlichen abgadt, das wirt im der
Luc.: xvi Herr an jhener welt ersetzen vnd hie auch in disem zeit dester mehr gaistlicher guter geben. Nun so siech, mein recht liebste tochter, wie du jetzt mit den closterglubten globen willt, das du gott sonsten schuldig bist zu laisten vnd darffst dich drum in khain closter verbinden vnn inschliessen lassen.

Vnd siech, wie du mit dißen dryen glubten vmgangest. Du wilt die gott nemmen vnd dem closter vnd orden geben. Ach mein liebs kindt, khindtmein, gedenck doch, wie die closterglubten wider gott vnd sein wortt seindt, wie doch die gehalten werden vnd das siech die closterleut damit zwiffach verdammen. Ainmal, das sy solche glubten vsserhalb vnd wider das wort vnd befelch gottes auffrichten. Zum andern, das sy erst darzu, darmit, inen selbs vnd andern leuten — welchs doch ain grusame lesterung der göttlichen gnaden vnd des verdensts Christi ist — das ewig leben verdenen wellen. Nun siech, wie sys halten. Sy glauben kuischzit — die sy doch in irer macht nit haben, auch darinn nit leben können, gott gebs denn — wie kuisch vnd rhayn die closterleut leben vnd solches glubt halten, ligt layder zevil am tag — wil der grusamen haimlichen vnkuischait geschwigen — das sy vnrhainer seindt denn die böck. Vnd obglich wol lybliche rhaynigkait vnd kuischait gehalten, so ist doch die innwendig gaystliche — die aber gott zuuörderst erfordert vnd haben wil — nit da. Dann lust, begirdt des flaisch, sein brunst vnd anfechtung plibt nit vss. So ist auch der closterleut gehorsame ain ware, vnchristliche, offenliche vngehorsame wider gott, wider die elteren vnd wider die gott gebner oberkait vnd lär aller christenlicher liebe. So vatter, muter vnd die iren iren glich begeren, iren durfften, khumen sy nit zu inne, helffen, rhaten vnd
Exo.: **xx** dienen inen nit, ubertredten also gottes gepot — do er
Math.: xv inne gepeut, den eltern solchs zu bewisen — umb der menschlichenn satzungen willen. Ich wil anderer armen geschwigen. So dann die oberkhait — deren sy nach gott zu gehorsamen vnn zedienen schuldig seindt — inen ettwaß aufflegt, ettwaß haist vnd von inen ettwaß erfordert, wellen sy fry vnd exempt sein. Helffen khain beschwerdt nit den gemaynen burgeren vnd vnderthonen tragen, mus man sy dennocht schu(tzen), schirmen, sy nehren vnd seindt sy niemandt verpflicht denn inen selbs. Curtz, sy seh(en) niemandt an, seindt vnfruntlich, dienen niemandt, vnd muß inen jederman dienen. Geben niemandt nichs vnn muß inen jederman geben vnd zutragen. Armut globen sy vnn seindt richer denn kayser vnd könig. Dann wo ist grösser richtumb, ver(?)tere vnn gulten rübigere Zeit vnd tag, besser leben vnd schönerer lust denn in den clöstern. Das deren dryen glubten

halb by der closterleuten nichs denn der nam. Die that, dz weßen vnd leben bewist, das es mehr ain weltlich, flaischlich weßen vnd standt ist, denn gaystlich. Desshalb so acht ich nit, dz iemandt sey, der nit verstande, das dißes clostervolck vnder andern Christen
Math.: xiij glich als das vnkrut vnder den guten samen des Herren von dem feyendt ingesäet ist. O wie warnet
Math.: vij. xxiiij der gtruw hirt Christus seine schaffle vor solchen leuten,
Joh.: x nendt sy wölff, dieb vnd mörder. Auch die lieben Ap(ostel)l Petrus vnd Paulus warnen vlissig — Act. ro. Col.: ij. Thess.: ij —, in baiden ep(istel)n zum Timotheon vnn ij. pe. ij. iij. Wenn wir nun solchs erkhennen khöndten vnd annemen wolten vnnd wo du nun solche glubten annemen, profession thun vnd dich also mit denen in das closter verbinden lassen woltest, so soltu furwar vnd gwiss wussen vnd halten, das du von den fier oberrn(?)dtenn puncten — so ainem jeden mensch zur seligkhait von nödten — abtridtest. Nit ain khindt gottes, kain Christ nit bist vnn — wo du ye darinn zu deinem furnemen verharren wilt — darzu ewiglich verdampt wirst. Darumb mein liebstes khindt im herrn, so ist hieruff mein höchstes, hertzlichest vnd trungelichesten bitt an dich, vmb der ehren gottes vnd vmb deiner seelen hayl willen wellestu das closterleben verlassen. Ich bitt dich auch, du wellest vmb deiner ehren frawen muter, deines ehrlichen bruders vnd vmb deine liebsten höchsten vnd besten freundts, herrn Doctor Amerbachs, auch umb deines ehrenliebenden vogtmanns, aller ehren freunden, umb meinst vnd meiner lieben h(?), die dich aller gestallt wie ich, alle bitten wellen, vns willfarenn, dyses mein schriben beherztigen dem glauben volgenn vnd vnß alle hieruff erfröwen vnd alles layds, so wir byß anher vmb deinetwillen getragen vnd gehabt, ergetzen in vnd mit dem, das du das closter, closterglubt vnn leben verlassen, zu vnß widerumb khumen vnd deine seelen, lybs, ehren vnd wolfartt, gluck vnd hail such(en) wellest. So seye dir hiemit zugesagt, das alles, so byshiehar geschehen, voranhe geredt oder gethon hast, dir nymmerhmehr gedacht werden sol, auch desse nit entgelten solt. Sond(er) das du solt vnd müst ehrlich vnd wol, wie ainer frummen, ehren vnd wolerporen tochter gehalten vnd versehen werden das nach deinem gefallen, vnd das dir in ainer woch baß sol vnd muß sein — vnd auch mit gott — dann im closter ain gantzes jar. Das versprich ich vnd sag dirs zu by dem waren lebendigen gott, das solchs an dir gehalten werden sol vnd muß, des bys zwiffels an. Ach mein tochter khumm mit deinem lieben ehren bruder zu unß, eß sol vnd wirt dich nit geruwen. So mus auch dir was ich dir zugesagt, gtruwlich gehalten werden. Laß dich niemandt hinderen oder bereden. Man gibt dir im closter wol gute wort. Man ubersiecht dir jetzt vnd last dir wider ir regel vnd bruch — das wais ich — vil nach, byß das man dich gehändiget vnd mit disen gottlosen vnchristennlichen

glubten verbindt vnn gefacht. Alsdann wirt es vil vil ain anders mit dir vnd vmb dich werden. Man sucht warlich nit dich, sonder dein gut — das ist closterarmut — wenn du nichts hettest, sy sehen dich nit an. Wenn du heut die profession thättist, möchten sy lyden, das du morn sturbist vnd glich ain andere, deins glich khäme. Darumb so byst vor deinem kunfftigen schaden. Byst dir selbs vor schanden vnd verderben, diewil du noch fry bist vnd das dein noch hast. Solten sy dich nachmals halten, das du nit pliben möchtist, dir nit hielten, desse sy dich vertröst, ald du in solche brunst, flaischle lust vnd anfechtung fallen — denn du kain closterflaisch an dir nit hast — das du nit pliben, sonder heruß gon oder — wie man sagt — auss dem closter lauffen, so wunschten sy dir nit ainen haller. So hettestu auch die deinen — wie erst billich — erzurndt, vnn weren dir, weder von gott noch dem rechten, nichs schuldig zethun noch zegeben. Was woltestu dann anfahenn. Solt es dann darzu khummen — als ich zum lieben gott hoff — das solcher falscher, widerchristlischer gotzdienst abgethon wurde, mainstu liebe tochter, ob du das din wider heruß bringen wurdist. Nain frylich, nit der zehendt pfennig. Es wurden ander leut auch thail vnn ir interesse daran haben. Desshalb, so khumm diewil du das dein hast, haben vnd behalten, vnn gott vnd die deinen vnd alle ware Christen zu freunden behalten magst. So sol nichtsdest weniger dem closter — wo es bys anher nit geschehen were — vmb das sy dich gehabt haben, guten abtrag wider geltung, sampt ainer ehrlich verehrung vnd villicht mehr dann ettwa aine inß closter gbracht widerfaren vnd geben werden. Liebs khindt, du hast dich allezeit by mir frumbklich, ehrlich, wol vnd gehorsamlich erzaigt vnd gehalten. So bitt ich dich — wie vor — du wellest jetzt solche gehorsame auch bewysen vnd diß mein schriben auch deiner verwandten bitt vnd beger erhörenn, das closterleben — darinn du firwar nit selig magst werden — verlassen vnd zu vnnß khumen. Wa mit ich dann solchs umb dich, zu wil meins leben waiß zuuerdienen, soltu mich zu jeder zeit, meins vermögens nach gantz genaigt, willig vnuerdrossen finden. Ich wil hiemit auch nit onderlassen gott fir dich zu bitten, dich in warem glauben, gottseligem leben, langwiriger, ehrlichen gesundhait zu erhalten. Dem wil ich dich jetzundt zum höchsten vnnd besten befelhen vnn im von hertzen bitten, er dir dein hertz durch seinen gayst erleuchte, das du seinem göttlichen willen — den ich dir warlich in dyßer geschrifft angezaigt — erstattest, erfullest vnd ghorsam laisist vnd zu vns khumigst. Vnd wee wee hiemit allen denen, die dich anderst leeren vnd dich von dyßer meiner in gottes wortt vnd warhait gegrundter geschrifft abziehen vnd deren ghorsame zelaisten verhinderenn vnd zum closterleben verursachen. Amen.

Geben zu Baßel auff Sant Maria Magdalenen tag, den xxij tag höwmonatdts des lijsten jares der minder zal nach Christi gepurt gezalt.

Dein allezeit — so du anderst wilt — getruwer, lieber vatter Jacob Truckhenprot, pfarrhed zu Sant Theodern.

Literaturverzeichnis

Agrippa von Nettesheim: Henrici Cornelii Agrippae ab Nettesheim De incertitudine et vanitate omnium scientarum et artium. Accedunt duo eiusdem auctoris libelli quorum unus est De nobilitate et praecellentia foeminei sexus eiusdemque supra virilem eminentia alter De matrimonio seu coniugio, Francofurti et Lipsiae 1714.

Alciat, Andreas: Andreae Alciati iurisconsulti Mediolanensis Contra vitam monasticam ad collegam olim suum, qui transierat ad Franciscanos, Bernardum Mattium epistola, Lugd. Batav. 1695.

Alexander III: Die Summa magistri Rolandi, nachmals Papstes Alexander III., ed. Friedrich Thaner, Innsbruck 1874.

Amerbachkorrespondenz, herausgegeben von Alfred Hartmann und Beat Jenny, Basel, Bd. 1 1942, Bd. 2 1943, Bd. 3 1947, Bd. 4 1953, Bd. 5 1958, Bd. 6 1967, Bd. 7 1973, Bd. 8 1974.

Ariès, Philippe: Geschichte der Kindheit, München, Wien 1975.

Bartsch, Robert: Die Rechtsstellung der Frau als Gattin und Mutter, Leipzig 1903.

Becker, Hans-Jürgen: Die nichteheliche Lebensgemeinschaft (Konkubinat) in der Rechtsgeschichte, in: Landwehr, Götz, Die nichteheliche Lebensgemeinschaft, Göttingen 1978.

Beemelmans, Wilhelm: Die Organisation der vorderösterreichischen Behörden in Ensisheim im 16. Jahrhundert, in: Zeitschrift für die Geschichte des Oberrheins 61 (1907) 52—92 und 627—656; 62 (1908), 195—220.

— Urkunden zur Geschichte der vorderösterreichischen Behörden in Ensisheim, in: Mitteilungen der Gesellschaft für Erhaltung der geschichtlichen Denkmäler im Elsaß 23 (1909), 437—525.

Bergfeld, Christoph: Katholische Moraltheologie und Naturrechtslehre, in: Handbuch der Quellen und Literatur der neueren europäischen Privatrechtsgeschichte II/1, 999—1033, München 1977.

Bernards, Matthäus: Speculum Virginum. Geistigkeit und Seelenleben der Frau im Hochmittelalter, Köln, Graz 1955.

Bernardus, Papiensis: Summa decretalium, ed. E. A. Th. Laspeyres, Graz 1956 (Nachdruck der Ausgabe Regensburg 1860).

— Summa de matrimonio, E. A. Th. Laspeyres als Appendix I der Summa decretalium und Friedrich Kunstmann unter dem Titel Summula de matrimonio, in: Das Eherecht des Bischofes Bernhard von Pavia, Archiv für katholisches Kirchenrecht 6 (1861), 217—262.

Bonaguida de Aretio: Summa introductoria super officio advocationis in foro ecclesiae, ed. Agathon Wunderlich, Anecdota quae processum civilem spectant, Göttingen 1841.

Borkenau, Franz: Der Übergang vom feudalen zum bürgerlichen Weltbild, Darmstadt 1976 (Nachdruck der Ausgabe Paris 1934).

Bückling, Gerhard: Die Rechtsstellung der unehelichen Kinder im Mittelalter und in der heutigen Reformbewegung, Breslau 1920.

Budischin, Hans Jörg: Der gelehrte Zivilprozeß in der Praxis geistlicher Gerichte des 13. und 14. Jahrhunderts im deutschen Raum, Bonn 1974.

Bühler, Johannes: Klosterleben im deutschen Mittelalter, Leipzig 1921.

Burckhardt-Biedermann, Theophil: Hans Amerbach und seine Familie, in: Historisches Festbuch zur Basler Vereinigungsfeier 1892, Basel.

Burmeister, Karl Heinz: Das Studium der Rechte im Zeitalter des Humanismus im deutschen Rechtsbereich, Wiesbaden 1974.

Coing, Helmut: Die Rezeption des römischen Rechts in Frankfurt am Main. Ein Beitrag zur Rezeptionsgeschichte, Frankfurt 1962.

— Zur romanistischen Auslegung von Rezeptionsgesetzen. Fichards Noten zur Frankfurter Reformation von 1509, in: Zeitschrift der Savigny-Stiftung für Rechtsgeschichte, Romanistische Abteilung, Band 56 (1936), 264—277.

Concilium Tridentinum. Diariorum, actorum, epistularum, tractatuum, ed. Societas Goerresiana, Friburgi Brisgoviae, 1963.

Corpus iuris canonici: ed. Aemilius Friedberg, Graz 1959 (Nachdruck der Ausgabe Leipzig 1879).

Corpus iuris civilis: ed. Paulus Krüger, Theodorius Mommsen, Rudolfus Schoell, Guilelmus Kroll, Berolini 1899—1906.

Dahm, Georg: Das Strafrecht Italiens im ausgehenden Mittelalter. Untersuchungen über die Beziehungen zwischen Theorie und Praxis im Strafrecht des Spätmittelalters, namentlich im XIV. Jahrhundert, Berlin und Leipzig 1931.

Däniker-Gysin, Marie-Claire: Geschichte des Dominikanerinnenklosters Töß 1233—1525, Winterthur 1957.

Dauvillier, Jean: Le mariage dans le droit classique de l'église depuis le décret de Gratien (1140) jusqu' à la mort de Clément V (1314), Paris 1933.

Dieckhoff, Wilhelm: Die kirchliche Trauung, ihre Geschichte im Zusammenhang mit der Entwicklung des Eheschließungsrechts und ihr Verhältnis zur Civilehe, Rostock 1878.

Dieterich, Hartwig: Das protestantische Eherecht in Deutschland bis zur Mitte des 17. Jahrhunderts, München 1970.

Döhring, Erich: Geschichte der deutschen Rechtspflege seit 1500, Berlin 1953.

Epochen der deutschen Lyrik, Gedichte 1500—1600, hrsg. Klaus Düwel, München 1978.

Erasmus von Rotterdam: Colloquia familiaria. Vertraute Gespräche, übersetzt, eingeleitet und mit Anmerkungen versehen von Werner Welzig, Darmstadt 1967.

Esmein, A.: Le mariage en droit canonique. Deuxième édition mise à jour par R. Génestal et Jean Dauvillier, Paris Bd. 1 1929, Bd. 2 1935.

Feine, Hans Erich: Die tridentinische Ehevorschrift, Leipzig 1892.

Freisen, Joseph: Geschichte des canonischen Eherechts bis zum Verfall der Glossenliteratur, Paderborn 1893.

Foucault, Michel: Histoire de la sexualité, I: La volonté de savoir, deutsch: Sexualität und Wahrheit. Der Wille zum Wissen, Frankfurt am Main 1977.

Friedberg, Emil: Das Recht der Eheschließung, Leipzig 1865.

Fromm, Erich / *Horkheimer*, Max / *Mayer*, Hans / *Marcuse*, Herbert u. a.: Autorität und Familie, Paris 1936.

Gagnér, Sten: Studien zur Ideengeschichte der Gesetzgebung, Uppsala 1960.

Gand, Friedrich: Maria-Reuthin. Dominikanerinnenkloster und Hohenberger Grablege, Göppingen 1973.

Gomes, Gulielmus Z.: De matrimoniis clandestinis in concilio Tridentino, Romae 1950.

Göpfert, Dieter: Orden und Klöster im Schwarzwald und am Bodensee, Freiburg 1978.

Gottlob, Theodor: Die Offiziale des Bistums Konstanz im Mittelalter, Limburg 1951.

— Gerichts- und Kanzleiordnung des Bischofs Marquard von Konstanz aus dem Anfang des 15. Jahrhunderts, in: Zeitschrift für schweizerische Kirchengeschichte 42 (1948), 195—215.

Handbuch der historischen Stätten Deutschlands, Band 6 „Baden-Württemberg“, hrsg. Müller, Max, Stuttgart 1965.

Handwörterbuch zur deutschen Rechtsgeschichte, hrsg. Adalbert Erler, Ekkehard Kaufmann, Berlin ab 1964.

Handwörterbuch der Staatswissenschaften Band 3, 4. Auflage, Jena 1926.

Hartmann, Alfred: Familiäres aus der Amerbachkorrespondenz, in: Basler Jahrbuch 1951, 35—57.

Heimbucher, Max: Die Orden und Kongregationen der katholischen Kirche, Paderborn 1933/34.

Hellbling, Ernst: Österreichische Verfassungs- und Verwaltungsgeschichte, Wien 1956.

Herrmann, Horst: Die Stellung unehelicher Kinder nach kanonischem Recht, Amsterdam 1971.

His, Rudolf: Das Strafrecht des deutschen Mittelalters, Leipzig 1920 und Weimar 1935.

von Hörmann zu Hörbach, Walther: Die tridentinische Trauungsform in rechtshistorischer Beurteilung, Czernowitz 1904.

Horn, Norbert: Die legistische Literatur der Kommentatoren und der Ausbreitung des gelehrten Rechts, in: Handbuch der Quellen und Literatur der neueren europäischen Privatrechtsgeschichte I, 261—364, München 1973.

Jedin, Hubert: Geschichte des Konzils von Trient, Freiburg, Basel, Wien 1965—1978.

Hübner, Rudolf: Grundzüge des deutschen Privatrechts, Leipzig, Erlangen 1922.

Jungmann, Robert: Das Verbrechen der Abtreibung, München 1893.

Kaser, Max: Das römische Privatrecht, München I, 1955; II, 1959.

Keßler, Peter-Josef: Die Entwicklung der Formvorschriften für die kanonische Eheschließung, Bonn 1934.

Knecht, August: System des Justinianischen Kirchenvermögensrechtes, Stuttgart 1905.

Knipschildt, Philipp: Tractatus de fideicommissis familiarum nobilium, von Stammgütern sive de bonis, quae pro familiarum nobilium conservatione constituuntur, Coloniae 1710.

Köhler, Walter: Zürcher Ehegericht und Genfer Konsistorium, Band 1: Das Zürcher Ehegericht und seine Auswirkung in der deutschen Schweiz zur Zeit Zwinglis, Leipzig 1932; Band 2: Das Ehe- und Sittengericht in den süddeutschen Reichsstädten, dem Herzogtum Württemberg und in Genf, Leipzig 1942.

— Bonifacius Amerbach und die württembergische Eheordnung von 1553, in: Festschrift für Eberhard Vischer: Vom Wesen und Wandel der Kirche, Basel 1935 S. 60—77.

Könsgen, Ewald: Epistolae Duorum Amantium. Briefe Abaelards und Heloises? Leiden und Köln 1974 (Band 8 der Reihe „Mittellateinische Studien und Texte“, hrsg. Karl Langosch).

Krause, Hermann: Die Familienfideikommisse von wirtschaftlichen, legislatorischen, geschichtlichen und politischen Gesichtspunkten, Berlin 1909.

Kraut, Antonie: Die Stellung der Frau im württembergischen Privatrecht, Stuttgart 1934.

Kuttner, Stephan: Repertorium der Kanonistik (1140—1234), Cittá del Vaticano 1937.

Laubenberger, Franz: Die Freiburger Stadtverwaltung im 17. und 18. Jahrhundert und ihre gesellschaftliche Struktur, in: Verwaltung und Gesellschaft in der südwestdeutschen Stadt des 17. und 18. Jahrhunderts, hrsg. Erich Maschke und Jürgen Sydow, Stuttgart 1969, S. 46—65.

Leinz, A.: Der Ehevorschrift des Concils von Trient Ausdehnung und heutige Geltung, Freiburg 1888.

Leiser, Wolfgang: Strafgerichtsbarkeit in Süddeutschland, Köln, Wien 1971.

Lettmann, Reinhard: Die Diskussion über die klandestinen Ehen und die Einführung einer zur Gültigkeit verpflichtenden Eheschließungsform auf dem Konzil von Trient, Münster/Westfalen 1967.

Lewis, William: Das Recht des Familienfideikommisses, Aalen 1969 (Neudruck der Ausgabe Berlin 1868).

Lohse, Bernhard: Mönchtum und Reformation. Luthers Auseinandersetzung mit dem Mönchsideal des Mittelalters, Göttingen 1963.

Luschin von Ebengreuth, Arnold: Österreichische Reichsgeschichte, Geschichte der Staatsbildung, der Rechtsquellen und des öffentlichen Rechts, Bamberg 1896.

Luther, Martin: Werke, kritische Gesamtausgabe (Weimarer Ausgabe), Weimar 1883 ff.

Martens, W.: Badische Geschichte, Karlsruhe 1909.

Merk, Walter: Oberrheinische Stadtrechte, 2. Abteilung, 3. Heft, Heidelberg 1913.

Metzger, Karl: Die Verbrechen und ihre Straffolgen im Basler Recht des späteren Mittelalters, 1. Teil: Die Verbrechen und ihre Straffolgen im allgemeinen, Basel 1931.

Meyer, Herbert: Die Anfänge des Familienfideikommisses in Deutschland, in: Festgabe für Rudolph Sohm, München und Leipzig 1914, S. 225—272.

Michaelis, Karl: Über Luthers eherechtliche Anschauungen und deren Verhältnis zum mittelalterlichen und neuzeitlichen Eherecht, in: Festschrift für Erich Ruppel, Hannover 1968, S. 43—62.

Moeller, Ernst von: Andreas Alciat (1492—1550). Ein Beitrag zur Entstehungsgeschichte der modernen Jurisprudenz, Breslau 1907.

Molina, Luis de: R. P. Ludovici Molinae e societate Iesu De iustitia ac iure, Tom. V Coloniae Agrippinae 1614.

Molinaeus, Carolus: Caroli Molinaei omnia quae extant opera, Paris 1681.

Mommsen, Theodor: Römisches Strafrecht, Leipzig 1899.

Müller, Anneliese: Studien zur Besitz- und Sozialgeschichte des Dominikanerinnenklosters St. Katharinenthal bei Dießenhofen, Stuttgart, Bad Cannstatt 1971.

Nörr, Knut Wolfgang: Die kanonistische Literatur, in: Handbuch der Quellen und Literatur der neueren europäischen Privatrechtsgeschichte der Neuzeit I, 365—382, München 1973.

— Die Entwicklung des corpus iuris canonici, aaO I, 835—846.

— Die kirchliche Gesetzgebung, aaO II/2, 1085—1109, München 1976.

Ober, Leo: Die Rezeption der kanonischen Zivilprozeßformen und des Schriftlichkeitsprinzips im geistlichen Gericht zu Straßburg, in: Archiv für katholisches Kirchenrecht, Band 90 (1910), 599—641.

Paucapalea: Die Summa des Paucapalea über das Decretum Gratiani, ed. Johann Friedrich von Schulte, Gießen 1890.

Petrus Lombardus: In quatuor libros sententiarum, Frankfurt 1967 (Nachdruck der Ausgabe Basel 1498).

Pfaff, L. und *Hofmann,* F.: Zur Geschichte der Fideikommisse, Wien 1884.

Plöchl, Willibald: Geschichte des Kirchenrechts, Wien, München 1955.

— Das Eherecht des Magisters Gratianus, Leipzig, Wien 1935.

Portmann, Heinrich: Wesen und Unauflöslichkeit der Ehe in der kirchlichen Wissenschaft und Gesetzgebung des 11. und 12. Jahrhunderts, Emsdetten/Westfalen 1938.

Quellen und Forschungen zur Geschichte des Dominikanerordens in Deutschland, hrsg. Paulus von Loe und Benedictus Maria Reichert, Leipzig 1907 ff.

Quellen zur neueren Privatrechtsgeschichte Deutschlands, hrsg. Franz Beyerle, Wolfgang Kunkel, Hans Thieme, Weimar 1936—1938.

Rosenthal, Eduard: Die Behördenorganisation Kaiser Ferdinand I., in: Archiv für österreichische Geschichte, Band 69 (1887), 51—316.

Rufinus: Die Summa decretorum des Magister Rufinus, ed. Heinrich Singer, Aalen 1963 (Nachdruck der Ausgabe Paderborn 1902).

Savigny, Friedrich Carl von: Geschichte des römischen Rechts im Mittelalter, Darmstadt 1956 (Nachdruck der zweiten Ausgabe von 1834).

Schaffstein, Friedrich: Die allgemeinen Lehren vom Verbrechen in ihrer Entwicklung durch die Wissenschaft des gemeinen Strafrechts, Aalen 1973 (Neudruck der Ausgaben 1930—1932).

— Die Europäische Strafrechtswissenschaft im Zeitalter des Humanismus, Göttingen 1954.

Schindler, Georg: Verbrechen und Strafen im Recht der Stadt Freiburg im Breisgau (1520—1806), Freiburg 1937.

Schmidt, Eberhard: Einführung in die Geschichte der deutschen Strafrechtspflege, Göttingen 1951.

— Die Maximilianischen Halsgerichtsordnungen für Tirol (1499) und Radolfzell (1506) als Zeugnisse mittelalterliche Strafrechtspflege, Bleckede an der Elbe 1949.

Schneider, Elisabeth: Das Bild der Frau im Werk des Erasmus von Rotterdam, Basel 1955.

Schröder, Richard / *Künßberg,* Eberhard Frh. von: Lehrbuch der deutschen Rechtsgeschichte, Berlin und Leipzig 1932.

Schuler, Peter-Johannes: Geschichte des südwestdeutschen Notariats. Von seinen Anfängen bis zur Reichsnotariatsordnung von 1512, Bühl (Baden) 1976.

Schulte, Johann Friedrich von: Die Geschichte der Quellen und Literatur des canonischen Rechts, Graz 1956 (Nachdruck der Ausgabe Stuttgart 1875).

Schultze, Johannes: Richtlinien für die äußere Textgestaltung bei Herausgabe von Quellen der neueren deutschen Geschichte, in: Blätter für deutsche Landesgeschichte 98 (1962), 1—11.

Schwab, Dieter: Grundlagen und Gestalt der staatlichen Ehegesetzgebung in der Neuzeit, Bielefeld 1967.

Schwarz, Ingeborg: Die Bedeutung der Sippe für die Öffentlichkeit der Eheschließung im 15. und 16. Jahrhundert, Tübingen 1959.

Sehling, E.: Die Unterscheidung der Verlöbnisse im kanonischen Recht, Leipzig 1887.

Siepen, Karl: Vermögensrecht der klösterlichen Verbände, Paderborn 1963.

Sohm, Rudolph / *Mitteis,* Ludwig / *Wenger,* Leopold: Institutionen. Geschichte und System des römischen Privatrechts, München und Leipzig 1931.

Stillhart, Alkuin: Die Rechtspersönlichkeit der klösterlichen Verbandsformen nach kanonischem und schweizerischem Recht, Freiburg 1963.

Stintzing, Roderich: Ulrich Zasius. Ein Beitrag zur Geschichte der Rechtswissenschaft im Zeitalter der Reformation, Darmstadt 1961 (Nachdruck der Ausgabe Basel 1857).

Stintzing, Roderich von / *Landsberg,* Ernst: Geschichte der deutschen Rechtswissenschaft, Aalen 1978 (2. Neudruck der Ausgabe München 1800—1884).

Stobbe, Otto: Handbuch des deutschen Privatrechts, Berlin 1882—1885.

Stolz, Otto: Geschichtliche Beschreibung der ober- und vorderösterreichischen Lande, Karlsruhe 1943.

Strätz, Hans-Wolfgang: Rechtsfragen des Konkubinats im Überblick, in: Zeitschrift für das gesamte Familienrecht 1980, 301—308 und 434—440.

Tancred: Tancredi vetustissimi iuris canonici glossatoris summa matrimonialis, Coloniae 1563 und Tancredi summa de matrimonio, ed. Agathon Wunderlich, Göttingen 1841.

— Pilii Tancredi Gratiae libri de iudiciorum ordine, ed. Fridericus Bergmann, Göttingen 1842.

Thurm, Helmut: Das Dominikaner-Nonnenkloster Cronschwitz bei Weida, Jena 1942.

Troje, Hans-Erich: Rezensionen der Bände VI—VIII der Amerbachkorrespondenz, in: Zeitschrift der Savigny-Stiftung für Rechtsgeschichte, Germanistische Abteilung 87 (1970), 492—501 und 93 (1976), 503—506.

— Graeca leguntur. Die Aneignung des byzantinischen Rechts und die Entstehung eines humanistischen Corpus iuris civilis in der Jurisprudenz des 16. Jahrhunderts, Köln, Wien 1971.

— Die Literatur des gemeinen Rechts unter dem Einfluß des Humanismus, in: Handbuch der Quellen und Literatur der neueren europäischen Privatrechtsgeschichte II/1, 615—795, München 1977.

Trusen, Winfried: Anfänge des gelehrten Rechts in Deutschland. Ein Beitrag zur Geschichte der Frührezeption, Wiesbaden 1962.

— Die gelehrte Gerichtsbarkeit der Kirche, in: Handbuch der Quellen und Literatur der neueren europäischen Privatrechtsgeschichte I, 467—504, München 1973.

Wahl, Johannes: Die Stellung der Spanier zu dem Problem der klandestinen Ehe in den Verhandlungen auf dem Konzil von Trient, Bonn 1958.

Walch, Carl Friedrich: Das Näherrecht, Jena 1795.

Wieacker, Franz: Privatrechtsgeschichte der Neuzeit, Göttingen 1952.

Wiegand, Wolfgang: Studien zur Rechtsanwendungslehre der Rezeptionszeit, Ebelsbach 1977.

Wilms, Hieronymus: Geschichte der deutschen Dominikanerinnen 1206—1916, Dülmen i. W. 1920.

Wolf, Armin: Die Gesetzgebung der entstehenden Territorialstaaten, in: Handbuch der Quellen und Literatur der neueren europäischen Privatrechtsgeschichte I, 517—800, München 1973.

Zoepfl, Heinrich: Die Peinliche Gerichtsordnung Kaiser Karl's V. nebst der Bamberger und der Brandenburger Halsgerichtsordnung sämmtlich nach den ältesten Drucken, Heidelberg 1842.

Hinweis zur Zitierweise

Aus der Amerbachkorrespondenz wird nach den Briefnummern zitiert. Nur in Ausnahmefällen wird hier, wie auch sonst bei mehrbändigen Werken, der Band mit römischer Ziffer, die Seitenzahl mit arabischer Ziffer angegeben.

FSC
www.fsc.org
MIX
Papier | Fördert
gute Waldnutzung
FSC® C083411

Kolibri 360 GmbH
Ferdinand-Jühlke-Straße 7
99095 Erfurt, Deutschland
produktsicherheit@kolibri360.de

Druck:
CPI Druckdienstleistungen GmbH
im Auftrag der
Kolibri 360 GmbH
Ferdinand-Jühlke-Str. 7
99095 Erfurt